LA VIE
DANS LES
ORGANISATIONS

DES INDICATEURS DE SUCCÈS

LA VIE DANS LES ORGANISATIONS

DES INDICATEURS DE SUCCÈS

Roch Laflamme

1994
Presses de l'Université du Québec
2875, boul. Laurier, Sainte-Foy (Québec)   G1V 2M3

Données de catalogage avant publication (Canada)

Laflamme, Roch, 1951-

La vie dans les organisations : des indicateurs de succès

Comprend des réf. bibliogr.

ISBN 2-7605-0782-3

1. Qualité de la vie au travail. 2. Satisfaction au travail.
3. Culture d'entreprise. 4. Milieu de travail. I. Titre.

HD6955.L33 1994   306.3'61   C94-941022-5

Révision linguistique : Gislaine BARRETTE

Couverture : Jacques Gosselin

Mise en pages : Info 1000 mots

ISBN 2-7605-0782-3

Dépôt légal – 3e trimestre 1994
Bibliothèque nationale du Québec
Bibliothèque nationale du Canada
Imprimé au Canada

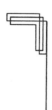

AVANT-PROPOS

C'est à partir de 1930 que certains chercheurs ont commencé à s'inté-
resser à ce que vivaient les individus au travail. Pour certains, les
attitudes étaient l'aspect à observer ; pour d'autres, c'était le moral, la
motivation, la satisfaction. Ce dernier thème semble avoir survécu et,
au fil des ans, de nombreuses définitions lui ont été attribuées. Par la
suite, en 1959, Herzberg vint enrichir les résultats obtenus antérieure-
ment en distinguant deux dimensions à ce concept : l'une reliée au
travail et l'autre extrinsèque à celui-ci. Sa théorie a suscité un grand
nombre de recherches, plusieurs auteurs tentant de la confirmer ou
de l'infirmer. Aujourd'hui, on s'intéresse davantage aux besoins des
individus et aux mobiles qui les font agir ou réagir. On cherche donc
à connaître les indicateurs qui poussent les travailleurs à mieux
performer, à être plus heureux au travail, bref, à être plus satisfaits.
Dans cet ouvrage, nous proposons vingt-deux indicateurs qui peuvent servir à mesurer, de façon multidimensionnelle, la satisfaction au
travail.

Au début des années 70, les chercheurs commencent à sentir les
limites du concept de la satisfaction au travail. Plusieurs déplorent le
fait qu'il soit centré sur un travail en particulier et sur la réponse
affective d'un individu vis-à-vis son travail, laissant de côté l'organisation dans son ensemble. C'est ainsi qu'apparaît le concept de climat
organisationnel. Dans le présent ouvrage, nous tentons de démontrer
que la satisfaction et le climat peuvent être différenciés, d'abord
conceptuellement, puis empiriquement, sans pour cela signifier qu'il
n'y ait aucune relation entre eux. Le climat organisationnel est un
concept voisin de la satisfaction, en raison de ses définitions et de ses
vingt-quatre indicateurs de mesure.

Vers la fin de la même décennie, l'intérêt pour la mesure de la
satisfaction et du climat semble se résorber pour faire place à un

autre concept, la qualité de vie au travail. Ce concept répond mieux aux besoins de l'époque, mais malgré sa nouveauté, il renferme des dimensions centrales dont on a déjà fait état dans les concepts précédents. Ce sont : la nature du travail, la santé et la sécurité au travail, l'organisation du travail et la démocratie industrielle. Les auteurs proposent dix-sept indicateurs pour mesurer ce concept.

À l'aube des années 80, le concept de culture organisationnelle émerge de l'anthropologie et de la sociologie et un quasi-consensus s'établit autour de lui. Les chercheurs constatent alors que la culture inhérente au travail est l'une des variables qui déterminent l'acceptation des modifications d'une tâche, la satisfaction des individus au travail et l'efficacité de l'entreprise. C'est autour de vingt-six indicateurs propres à la culture que l'on essaie de mesurer cette dernière.

Par une revue de la littérature qui s'échelonne sur une soixantaine d'années, nous tenterons de dégager les similitudes et les différences entre ces quatre concepts. Pour ce faire, nous définirons chacun d'eux, présenterons leurs indicateurs de mesures respectifs et finalement, ferons ressortir les indicateurs qui réunissent ces quatre concepts.

TABLE DES MATIÈRES

Liste des tableaux

LE CONCEPT
DE
SATISFACTION AU TRAVAIL

Au fil des ans, des dizaines d'auteurs ont traité de la notion de satisfaction au travail. On peut même avancer que ce concept a présidé à l'émergence d'autres concepts. Ainsi, avant d'amorcer cette revue de littérature que nous proposons dans cet ouvrage, nous allons tenter de cerner ce concept fondamental qu'est la satisfaction au travail.

Le problème de la terminologie

Dans les études publiées sur la satisfaction au travail, il existe une grande confusion entre les termes « attitude », « moral »[1], « opinion » et « satisfaction au travail » (Guion, 1958), entraînant une anarchie conceptuelle. Strong (1958) souligne que ces mots sont souvent synonymes. Il propose d'utiliser les termes « satisfaction au travail » lorsqu'on considère le travailleur en tant qu'individu et le terme « moral » lorsqu'on le considère en tant que membre d'un groupe de travailleurs. Pour Vroom (1965), les expressions « satisfaction au travail » et « attitude vis-à-vis du travail » sont interchangeables. De même, il soutient que souvent la signification de « moral » se rapproche beaucoup des concepts d'attitude et de satisfaction au travail. Ronan (1970), pour sa part, déplore la surutilisation des termes « satisfaction », « moral », « attitude » et « opinion » qui leur a fait perdre toute signification.

---

1. Moral est pris dans son sens anglais qui est beaucoup plus large que le sens français, ainsi on définit moral comme : « *the mental and emotional condition (as of enthusiasm, confidence, or loyalty) of an individual or group with regard to the function or tasks at hand* » (*Webster's New Collegiate Dictionary* 1988, p. 771).

Devant cette confusion, l'examen des définitions de la satisfaction au travail exige, s'il veut être complet, que les termes « moral », « attitude », « opinion » et « satisfaction » soient considérés comme synonymes, même si sur le plan théorique, il est possible de les distinguer.

Évolution des définitions de la satisfaction au travail

Dans sa recherche, Archambault (1975) fait un survol historique des auteurs traitant de la satisfaction au travail, et c'est à partir des auteurs répertoriés que nous tenterons de définir la satisfaction au travail.

Dès 1928, Thurstone définit le terme « attitude ». Selon lui, l'attitude d'un individu vis-à-vis n'importe quel sujet représente la somme totale des inclinations, des sentiments, des préjugés, des idées, des peurs et des convictions qu'il éprouve à son égard. En outre, l'opinion d'un individu serait l'expression verbale d'une attitude. Kornhauser (1930) est probablement le premier à considérer la satisfaction au travail comme un secteur différent de recherche qui mérite d'être étudié d'une façon particulière. S'il reconnaît l'existence de la satisfaction au travail, il n'en propose toutefois pas de définition.

Hoppock (1935), l'un des principaux pionniers de la recherche sur les attitudes au travail, définit la satisfaction comme « *any combination of psychological, physiological and environmental circumstance that causes a person truthfully to say, I am satisfied with my job* ». Il introduit aussi la notion de multidimensionnalité de la satisfaction au travail, affirmant qu'un individu peut être satisfait à l'égard de certains aspects seulement de son travail. Son degré de satisfaction globale par rapport à son travail représente la somme de ses satisfactions et insatisfactions.

Likert et Willit (1940 : dans Vroom, 1965) définissent le terme « moral » (la définition donnée ici déborde largement celle du mot français) comme l'attitude mentale d'un individu vis-à-vis tous les aspects de son travail, y compris les personnes qui l'entourent.

En 1943, Maslow présente sa célèbre théorie de la motivation humaine, intégrant toutes les motivations dans sa pyramide des besoins. (Nous ne jugeons pas utile dans le cadre de ce document de présenter cette théorie fort connue.) Même si Maslow ne traite pas de la satisfaction au travail comme telle, sa théorie aura un impact important sur l'étude de cette variable. Ainsi, elle sera la base même des travaux de Porter (1961, 1962, 1963a, 1963b, 1963c, 1964).

Pour Lasswell (1948 : dans Vroom, 1965), le moral est la persistance d'un groupe dans la poursuite d'un but collectif. Pour lui, il n'y a pas de rapport entre le moral, d'une part, et la satisfaction ou les attitudes, d'autre part.

Katz (1949), reprenant le concept de Hoppock (1935), développe la notion de multidimensionnalité du moral. Le moral n'est plus un concept unitaire mais comprend plusieurs dimensions ; il en présente quatre. La première est la satisfaction que l'individu éprouve vis-à-vis la nature même de son travail. La seconde dimension est la fierté du travail accompli par le groupe. La troisième représente la satisfaction à l'égard du salaire et des possibilités de promotion. Enfin, l'identification à l'organisation constitue la quatrième dimension du moral.

Harris (1949) introduit pour la première fois l'anonymat dans la définition du moral. Ce dernier est l'attitude de l'employé vis-à-vis l'organisation pour laquelle il travaille, attitude exprimée par ses réponses à un questionnaire anonyme. Plus cette attitude est positive, plus le moral est élevé.

En 1953, Morse établit une distinction très importante dans sa définition de la satisfaction au travail. Il affirme que la satisfaction ne peut pas découler du type de supervision, de la composition du groupe de travail ou du salaire. Par exemple, un salaire élevé n'implique pas nécessairement un haut niveau de satisfaction. Celle-ci dépend plutôt de la différence entre ce que l'individu attend de son travail et ce qu'il croit en recevoir. Ainsi, les concepts d'attente et de perception apparaissent pour une première fois dans une définition de la satisfaction. Toute hausse du niveau d'attente de l'individu ou toute diminution de la gratification de ses attentes entraîne une augmentation de l'insatisfaction du travailleur. La satisfaction au travail n'est plus une attitude comme l'affirmaient Thurstone (1928), Likert et Willit (1940 : dans Vroom, 1965) et Harris (1949), mais une perception de l'individu. Plus il perçoit son travail comme gratifiant, plus il est satisfait.

Rosen et Rosen (1955) reprennent la définition de Morse (1953) pour la rendre opérationnelle et construire un nouveau type d'instrument de mesure. La satisfaction au travail devient alors la différence entre la première et la deuxième échelle de leur questionnaire, la première échelle mesurant le niveau d'attente d'un individu vis-à-vis un aspect de son travail et la seconde, évaluant la perception par l'individu du niveau de gratification de cette attente. Ainsi, l'individu sera d'autant plus satisfait que la différence sera moindre entre les deux échelles. Rosen et Rosen (1955) acceptent la multidimensionnalité de la satisfaction au travail et chaque élément de leur questionnaire mesure la satisfaction vis-à-vis une dimension précise du travail.

Dans leur examen critique des recherches publiées, Brayfield et Crockett (1955) établissent une distinction entre le moral et la satisfaction au travail. Le moral est un concept global tandis que la satisfaction à l'égard du groupe de travail, du salaire, de la supervision, de la promotion, de la tâche elle-même ou de toute autre composante de l'environnement du travail représente des dimensions ou des aspects du moral global.

À la suite de Rosen et Rosen (1955) et de Morse (1953), Stagner (1958) associe à la définition du moral la notion de perception et de groupe (Lasswell, 1948 : dans Vroom, 1965). Le moral devient « *an index of the extent to which the individual perceives a probability of satisfying his own motives through cooperation with the group* ».

À la suite de sa critique des définitions du moral, Guion (1958) tente de mettre de l'ordre dans cette confusion terminologique en présentant une définition qu'il veut aussi complète que possible. Le moral indique jusqu'à quel point les besoins d'un individu sont satisfaits et jusqu'à quel point cet individu perçoit que cette satisfaction découle de sa situation totale de travail. Malheureusement, une définition qui se veut trop synthétique devient souvent ambiguë et peu opérationnelle, aussi celle de Guion (1958) n'a-t-elle pas mis un terme à la confusion terminologique.

En 1959, Herzberg *et al.* publient leur théorie bidimensionnelle de la satisfaction au travail. Cette théorie avance que l'homme possède deux séries indépendantes de besoins dont la réalisation provoque des états psychologiques différents. La première série de besoins est reliée à la nature animale de l'homme et se caractérise par une recherche de protection contre le milieu ambiant. Dans la situation de travail, un ensemble de facteurs spécifiques permettra la réalisation de ces besoins. Ces facteurs représentent « l'hygiène de travail » et se rapportent à la gestion de l'entreprise, l'encadrement, qu'il soit humain ou technique, le salaire et les conditions de travail. Toutefois, l'instauration d'une « hygiène de travail » n'a pas pour effet de provoquer la satisfaction, mais conduit plutôt à un état psychologique de « non-satisfaction ». Si le travailleur perçoit ces facteurs comme inadéquats, il connaîtra un état psychologique d'insatisfaction.

La deuxième série de besoins est associée à un système motivationnel supérieur qui est l'apanage de la nature humaine, la croissance psychologique. Différents aspects du travail satisfont ces besoins : l'accomplissement, la considération obtenue, la tâche elle-même, la responsabilité et la promotion. Ces motivations positives que Herzberg *et al.* (1959) appellent « motivateurs » provoquent la satisfaction et leur absence conduit à un état psychologique de non-satisfaction. La publication de cette théorie bidimensionnelle a marqué un point tournant dans l'étude de la satisfaction au travail. Elle a soulevé sur le plan théorique, pour ne pas dire philosophique, une controverse qui, plus de trente ans plus tard, dure toujours.

Par ailleurs, cette théorie a suscité un grand nombre de recherches, car plusieurs auteurs ont tenté de la confirmer ou de l'infirmer. Citons à titre d'exemples les auteurs suivants : Ewen (1964), Friedlander (1964), Dunnette *et al.* (1966), Whitsett et Winslow (1967), House et Wigdor (1967, 1968), Winslow et Whitsett (1968), Kosmo et Behling (1969), King (1970), Wolf (1970), Waters et Roach (1971), Bobbit et Behling (1972), Macarov (1972), Wernimont (1972), French *et al.* (1973), Gordon *et al.* (1974), Kerr *et al.* (1974), Locke (1976), Larouche (1977). Même si aucune conclusion définitive quant à l'exactitude de cette théorie n'a pu être tirée, elle n'en demeure pas moins très importante par son influence.

S'appuyant sur les définitions de Morse (1953) et de Rosen et Rosen (1955), Porter (1961, 1962, 1963a, 1963b, 1963c) présente une définition opérationnelle de la satisfaction. Elle provient de la relation entre la situation actuelle de travail et la situation idéale, normative. Selon cette conception, un employé est satisfait lorsque la situation de travail, telle qu'il la perçoit, correspond à ses aspirations. Porter utilise ensuite cette définition pour construire un instrument de mesure et étudier la satisfaction des besoins tels qu'ils sont présentés dans la pyramide de Maslow (1943). La valeur de sa définition est d'abord d'ordre méthodologique. Elle a d'ailleurs été retenue par plusieurs chercheurs (Miller, 1966 ; Paine *et al.*, 1966 ; Evans, 1969 ; Rinehart *et al.*, 1969 ; Slocum *et al.*, 1971 ; Clark et McCabe, 1972 ; Slocum et Strawser, 1972 ; Slocum et Topichak, 1972 ; Ronan et Organt, 1973 ; Waters et Roach, 1973).

À la suite des travaux de Porter, plusieurs points de comparaison ont vu le jour. C'est la comparaison entre ce qui existe et quelque chose d'autre qui fut populaire. Cependant, c'est sur ce « quelque chose » que la plupart des auteurs achoppent. Ainsi, Dion (1986) et Bélanger *et al.* (1979) présentent certaines comparaisons rejetées par les auteurs. Pour certains, la satisfaction résulte d'une comparaison faite par l'employé entre ce qu'il reçoit de son emploi et ce qu'il lui faut pour combler ses besoins physiques et psychologiques. Cette approche est rejetée par plusieurs pour les raisons suivantes :

1.   Les employés sont rarement conscients de leurs besoins réels, c'est-à-dire de ce qu'il leur faut vraiment pour survivre et pour s'épanouir sur les plans physique et psychologique.

2.   Cette façon de concevoir la satisfaction ne semble pas correspondre à ce que nous observons tous les jours :

- des gens dont tous les « vrais » besoins semblent être comblés et qui pourtant se déclarent insatisfaits ;
- et l'inverse, des gens dont le travail ruine la santé et la vie familiale et qui pourtant se disent satisfaits de leur emploi.

Les besoins, lorsque le terme est pris dans son sens strict, ne semblent donc pas être un point de comparaison valable.

Un autre point de comparaison rejeté par plusieurs est le suivant : ce que j'ai (dans un emploi) et ce que j'aimerais avoir. Si cela était accepté, il faudrait en conclure que tout le monde est insatisfait, car rares sont ceux qui n'aimeraient pas avoir cent mille dollars par année !

Bien d'autres formulations ont été proposées : ce que j'ai par rapport à ce à quoi je m'attends, ce que j'ai par rapport à ce qui m'est dû, etc. Le problème est donc loin d'être résolu, et il semble bien que la solution réside dans les éléments suivants :

a)   *l'équité* : les employés ne sont pas satisfaits de leurs conditions de travail lorsqu'ils perçoivent que celles-ci ne correspondent pas à leurs contributions et à leurs efforts, compte tenu de ce que d'autres reçoivent et de « ce qui se fait ailleurs » ;

b)   *les valeurs* : ce à quoi les employés attachent de l'importance parce qu'ils y voient un moyen d'augmenter leur bien-être physique ou psychologique.

Cette revue des principales définitions de la satisfaction au travail montre la confusion terminologique qui a régné dans ce secteur de recherches. Toutefois, depuis près de quarante ans, l'intérêt s'est polarisé autour de la théorie de Herzberg *et al.* (1959), des définitions opérationnelles de Porter (1961, 1962, 1963a, 1963b, 1963c), de Smith (1963) et de Locke (1976), si bien qu'aucune nouvelle définition originale de ce concept n'a été présentée depuis. Si la définition de Herzberg a une grande valeur sur le plan théorique, elle a l'inconvénient d'être peu opérationnelle. Par contre, les définitions de Porter, Smith et Locke, bien que très valables sur le plan opérationnel et méthodologique, présentent le défaut de ne pas se rattacher à une théorie de la satisfaction au travail comme telle.

Selon Côté-Desbiolles et Turgeon (1979), pour mesurer la satisfaction, deux formules sont les plus utilisées. L'une d'elles consiste à demander directement aux travailleurs ce qu'ils ressentent face à leur travail en général. On a recours à ce genre de formule surtout lors d'enquêtes nationales effectuées dans divers pays pour connaître le niveau de satisfaction global au travail. Les indices de satisfaction ont été obtenus en réponse à des questions du genre « D'une façon générale, que pensez-vous de votre travail ? », « D'une façon globale, dans quelle mesure êtes-vous satisfait ou mécontent de votre travail ? » (Australie, Belgique, Japon et Royaume-Uni) ou encore « Tout bien considéré, dans quelle mesure êtes-vous satisfait de votre emploi ? » (États-Unis).

Une autre formule pousse plus avant l'analyse en interrogeant les travailleurs sur des aspects particuliers de leur emploi. La majorité des études démontrent que les gens qui se disent satisfaits de leur emploi « en général », n'hésitent pas à se dire insatisfaits de certains aspects de cet emploi. Bélanger et al. (1979) concluent « que les enquêtes de satisfaction qui portent sur des aspects précis sont beaucoup plus valides que celles qui posent la question (êtes-vous satisfait de votre emploi ?) »

Les indicateurs de satisfaction

Avant de demander aux employés s'ils sont satisfaits, il faut répondre à la question « par rapport à quoi ? » (Bélanger et al., 1979). Il existe un grand nombre d'indicateurs au sujet desquels ils peuvent être plus ou moins satisfaits. Il faut donc chercher à déterminer certains indicateurs de la satisfaction au travail qui semblent plus importants que d'autres. Sur ce point, comme sur bien d'autres, les auteurs sont loin d'être d'accord.

Le premier à proposer des indices de satisfaction fut Hoppock (1935) qui retint alors six facteurs principaux. Katz (1949), s'inspirant de Hoppock, présenta quatre indicateurs de la satisfaction. Herzberg (1959), pour sa part, isola quinze facteurs dont six facteurs de motivation et neuf facteurs d'hygiène. Le questionnaire le plus souvent utilisé aux États-Unis pour mesurer la satisfaction, « The Job Description Index » de Smith et al. (1969), comprend cinq facteurs. Au Québec, Larouche (1977), dans son « Inventaire de satisfaction au travail », a couvert pas moins de dix-huit indicateurs. Dans son étude sur les « attitudes des travailleurs québécois à l'égard de leur emploi », en plus de la satisfaction globale, Côté-Desbiolles (1979) a examiné sept indicateurs de satisfaction. Guiot (1980) a présenté trois indicateurs, mais en a fait une subdivision qui nous permet de retrouver la plupart de ceux qui ont été cités précédemment. Plus récemment, Naisbitt (1986) a fait la nomenclature de dix indicateurs de la satisfaction.

Tableau 1
Indicateurs de satisfaction au travail par auteur

Hoppock (1935)	Katz (1949)
1. La façon dont l'individu réagit dans certaines situations désagréables 2. La facilité avec laquelle il s'adapte à autrui 3. Son statut relatif dans le groupe social et économique où il est placé 4. La nature du travail en relation avec son habileté, ses intérêts, ses goûts et la préparation du travail 5. La sécurité 6. La loyauté	1. La nature du travail 2. La fierté du travail accompli par le groupe 3. Le salaire 4. Les possibilités de promotion
Herzberg (1959)	**Smith _et al._ (1969)**
Les facteurs de motivation 1. L'accomplissement 2. La reconnaissance 3. Le travail lui-même 4. La responsabilité 5. L'avancement 6. La possibilité de croissance _Les facteurs d'hygiène_ 1. Le salaire 2. Les relations interpersonnelles (avec le supérieur, avec les subordonnés et avec les pairs) 3. La supervision technique 4. Les politiques et l'administration de l'entreprise 5. Les conditions de travail 6. Les facteurs de vie personnelle 7. Le statut 8. La sécurité d'emploi 9. Les avantages sociaux	1. Le travail lui-même 2. La supervision 3. Les collègues 4. Le salaire 5. Les chances d'avancement

Larouche (1977)	Côté-Desbiolles (1979)
1. L'affection du personnel	1. Le salaire
2. L'attrait au travail	2. Les possibilités d'avancement
3. L'autonomie	3. L'intérêt au travail
4. L'autorité	4. Les supérieurs
5. L'avancement	5. La sécurité d'emploi
6. La communication 1	6. Les collègues de travail
7. La communication 2	7. Les heures de travail
8. Les conditions de travail	
9. Le degré de responsabilité	
10. L'innovation	
11. La reconnaissance	
12. Les politiques de l'organisation	
13. Le salaire	
14. La sécurité au travail	
15. La sécurité d'emploi	
16. La supervision humaine	
17. La supervision technique	
18. La variété	
Guiot (1980)	**Naisbitt (1986)**
1. Le travail :	1. Travailler avec des gens qui me traitent avec respect
– responsabilités	2. Faire un travail intéressant
– autonomie	3. Sentir que la qualité de mon travail est reconnue
– intérêt	4. Avoir une chance de progresser
– variété	5. Travailler avec des gens qui m'écoutent si j'ai des idées pour améliorer les méthodes employées
– un travail pas trop facile	6. Avoir la possibilité de prendre des initiatives et non pas seulement d'exécuter des ordres
2. Le salaire	7. Voir le résultat final de mon travail
3. Le type de supervision :	8. Travailler pour des supérieurs efficients
– considération	9. Ne pas avoir un travail trop facile
– assistance	10. Avoir l'impression d'être bien informé sur ce qui se passe
– intérêt	

De façon empirique, certains indicateurs ont été utilisés par plusieurs chercheurs, entre autres :

1. La participation (Locke et Schweiger, 1979 ; Mohovich, 1981 ; Jackson, 1983 ; Jenkins et Lawler, 1981 ; O'Brien, 1982 ; Koopman *et al.*, 1981) ;

2. L'information (Das, 1982 ; Bowers, 1973 ; Pasmore et King, 1978) ;

3. Le leadership et la supervision (Kerr *et al.*, 1974 ; Gilmore *et al.*, 1979 ; Keller et Szilagyi, 1978 ; Szilagyi, 1980 ; Graen *et al.*, 1982) ;

4. L'horaire de travail (Fields, 1974 ; Nollen et Martin, 1978 ; Orpen, 1979 ; Keller et Holland, 1981 ; Graen *et al.*, 1982 ; White et Mitchell, 1979 ; Roberts et Glick, 1981 ; Hall *et al.*, 1978) ;

5. L'enrichissement des tâches (Wall, Clegg et Jackson, 1978 ; Orpen, 1979 ; Keller et Holland, 1981 ; Graen *et al.*, 1982 ; White et Mitchell, 1979 ; Roberts et Glick, 1981 ; Hall *et al.*, 1978) ;

6. Le salaire (O'Brien, 1982 ; Dittrich et Carrell, 1979 ; Burroughs, 1982) ;

7. Les collègues (Team Building) (DeMeuse et Liebowitz, 1981 ; Paul et Gross, 1981 ; Sipel *et al.*, 1980) ;

8. La participation aux bénéfices (White et Mitchell, 1979 ; Bullock et Bullock, 1982).

Finalement, les indicateurs qui reviennent le plus souvent et auxquels les auteurs accordent le plus d'importance sont :

1. le travail lui-même,

2. le salaire,

3. l'avancement,

4. la supervision humaine,

5. l'autonomie,

6. les collègues de travail,

7. les conditions de travail,

8. la reconnaissance/considération,

9. le degré de responsabilité,

10. la variété,

11. la sécurité d'emploi,

12. la communication,

13. l'information,

14. les politiques de l'organisation.

La satisfaction étant définie et ses indicateurs déterminés, il convient maintenant d'examiner le concept de climat organisationnel.

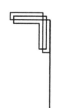

LE CONCEPT
DE
CLIMAT ORGANISATIONNEL

Avant de définir le concept de climat organisationnel, nous tenterons de déterminer quel lien il peut avoir avec celui de satisfaction au travail.

Johannesson (1973) insiste sur la redondance possible des deux concepts, de sorte que parler de climat organisationnel ne peut que servir à réinventer la roue. Johannesson entreprend même une recherche pour prouver ses allégations. Selon lui, les nouvelles mesures de climat ont été créées à partir d'anciennes mesures de satisfaction et les méthodes de mesure employées sont identiques.

Il administre donc trois questionnaires dont deux de satisfaction : « The Job Description Index », de Smith, Kendall et Hulin (1969) et le « Science Research Associates Employee Inventory », et un questionnaire de climat organisationnel (huit dimensions dont six sont tirées du rapport de Meyer sur le questionnaire de Litwin (1968) et deux de la littérature). Ses résultats appuient l'hypothèse selon laquelle la majeure partie de la variance dans la mesure du climat organisationnel peut être expliquée par des facteurs traditionnellement trouvés dans les recherches sur la satisfaction. Hellriegel et Slocum (1974) insistent sur l'importance de distinguer les instruments de climat qui veulent décrire l'environnement de travail des instruments de satisfaction qui, eux, servent à l'évaluer, de sorte qu'il est trop tôt pour qualifier la relation qui existe entre eux, mais on peut vraisemblablement s'attendre à découvrir une relation assez étroite.

Selon Lafolette et Sims (1975), l'affirmation de Johannesson est prématurée et va à l'encontre des résultats mis à jour, car dans leur recherche, la force des relations entre climat-performance et satisfaction-performance varie considérablement. Donc, si toutes ces mesures étaient identiques, le pourcentage de corrélation ne devrait varier que faiblement. Schneider et Snyder (1975) démontrent que les mesures de satisfaction sont plus reliées entre elles qu'elles ne le sont à la mesure de climat ; de plus, ceux qui travaillent dans un climat reconnu comme le plus positif ne sont pas nécessairement les plus satisfaits. Pour Payne *et al.* (1976), conceptuellement, il existe deux différences :

1. la satisfaction est centrée sur un travail particulier tandis que le climat est centré sur l'organisation dans son ensemble ;

2. la satisfaction concerne la réponse affective d'une personne vis-à-vis son travail, tandis que le climat est la description par la personne de ce qu'est l'organisation à ses yeux.

Dans un désir de vouloir mettre fin au débat, Schneider (1975) propose trois niveaux où l'on peut différencier les deux concepts :

1. Le niveau d'abstraction

    La satisfaction a trait à des microperceptions tandis que le climat porte sur des macroperceptions au niveau de l'organisation. Pour connaître la satisfaction de l'employé vis-à-vis tel ou tel aspect, ce dernier devra évaluer les pratiques et procédures de l'organisation qui s'y rapportent. Par contre, connaître le climat exigera de l'employé qu'il fasse un effort d'abstraction pour avoir un aperçu global des pratiques et procédures qui ont cours dans l'organisation.

2. Le niveau d'affect

    La satisfaction implique une évaluation alors que le climat se veut purement descriptif. Schneider (1983) insiste sur le fait que lorsque les répondants à un questionnaire sur le climat reçoivent des instructions bien précises, à savoir qu'il faut absolument qu'ils séparent leurs descriptions du travail de leurs évaluations, ils réussissent très bien. D'autres, tout en étant d'accord avec la distinction faite, conservent quelques doutes (Naylor *et al.*, 1980), car pour eux, obtenir un jugement purement descriptif de l'environnement de travail alors qu'un haut degré d'affect est toujours présent demeure très difficile.

3. Le niveau d'analyse

    Dans une recherche sur le climat, le niveau d'analyse sera l'organisation tandis que ce sera plutôt l'individu dans le cas de la satisfaction.

Finalement, satisfaction et climat peuvent être différenciés, d'abord conceptuellement puis empiriquement, sans pour cela signifier qu'il n'existe aucune relation entre eux.

Définition du climat organisationnel

Selon Schneider (1975), la majorité des recherches qui se sont intéressées au concept de climat organisationnel sont basées sur des prémisses empruntées à la fois à l'école de la gestalt et à l'école du fonctionnalisme, sans qu'elles ne transparaissent dans les publications.

L'école de la gestalt suppose que les gens saisissent les règles dans leur milieu de travail en se basant sur les critères perçus et inférés et qu'ils adaptent par la suite leurs comportements de manière à bien cadrer avec les exigences appréhendées. Comme le présente la psychologie gestaltiste, les gens recherchent les règles dans leur environnement en pensant qu'ils les appréhendent, mais, en réalité, ils les créent parce qu'ils n'ont pas le choix, tandis que l'école du fonctionnalisme propose plutôt que les règles soient saisies et créées de sorte que les individus puissent fonctionner, adaptés dans leur milieu, selon leurs caractéristiques individuelles.

Selon Tourigny (1983), ces deux écoles de pensée montrent bien que les travailleurs ont des perceptions de climat parce que saisir les règles dans leur milieu est un besoin essentiel, propre à tout être humain. Ces perceptions servent de schéma de référence pour juger si tel ou tel comportement est approprié pour atteindre et conserver un certain niveau d'homéostasie avec leur milieu.

Comme il est difficile de s'en tenir à une seule définition, nous citerons quelques-uns des auteurs qui ont défini ce concept.

- Forehand et Gilmer (1964) réfèrent à une série de caractéristiques qui décrivent une organisation et qui la distinguent des autres, sont relativement stables dans le temps et influencent le comportement des gens dans l'organisation.

- Campbell *et al.* (1970) voient le climat comme une série d'attributs propres à une organisation particulière qui peuvent être induits de la façon dont l'organisation se comporte avec ses membres et son environnement.

- Pritchard et Karasik (1973), revoyant les significations précédentes données au concept dans la littérature, décrivent le climat à leur façon : une qualité relativement stable de l'environnement interne d'une organisation, qui la distingue des autres, mais qui de plus est le résultat de comportements et politiques des membres de l'organisation, est perçue par les membres de l'organisation, sert de référence pour interpréter une situation et agit comme stimulus pour diriger l'activité.

- Hellriegel et Slocum (1974), Campbell *et al.* (1973) et Dachler (1973) dans Tourigny (1983) renvoient à une série d'attributs qui peuvent être perçus au sujet d'une organisation donnée ou de ses sous-systèmes, et qui peuvent être induits de la façon dont l'organisation ou ses sous-systèmes se comportent avec ses membres et son environnement.

- Schneider (1975) propose cette définition du climat organisationnel :

  Les perceptions du climat organisationnel sont des descriptions globales significatives que les individus reconnaissent comme caractéristiques des pratiques et procédures d'une organisation donnée. Par ses pratiques et procédures, une organisation peut créer divers climats. Ces climats sont perçus grâce aux perceptions globales qui tiennent lieu de cadre de référence permettant d'atteindre une certaine congruence entre les comportements et les pratiques et procédures de l'organisation. Cependant, avec un climat qui encourage la manifestation des différences individuelles, les membres d'une même organisation n'auront pas des comportements semblables. En outre, comme la satisfaction est une évaluation personnelle des pratiques et procédures d'une organisation, ses membres auront tendance à avoir plus de points de divergence sur leur satisfaction que sur leurs perceptions du climat organisationnel. (Notre traduction.)

- Enfin, Bélanger *et al.* (1979) définissent le climat organisationnel comme suit :

  Un ensemble de caractéristiques objectif et relativement permanent de l'organisation, décrit tel que perçu par les membres de l'organisation et qui sert à donner une certaine personnalité à l'organisation tout en influençant le comportement et les attitudes des membres.

Tous les auteurs conviennent que le climat organisationnel est une série d'attributs propres à une organisation qui la distingue des autres dans ses comportements avec ses membres et son environnement.

Les indicateurs du climat organisationnel

Dans un premier temps, nous allons soumettre dans le tableau 2 les différents indicateurs retenus par les auteurs et les examiner. Ensuite, ces mêmes indicateurs seront analysés pour en faire ressortir les particularités.

Tableau 2
Indicateurs du climat organisationnel par auteur

Forehand et Gilmer (1964)	Litwin et Stringer (1968)
1. La taille de l'organisation	1. La structure organisationnelle
2. La structure organisationnelle	2. L'autonomie
3. La complexité de l'organisation	3. L'équité de la rémunération
4. Le style de leadership	4. Les risques et les défis
5. L'orientation des buts	5. La chaleur
	6. Le support
	7. La norme
	8. La tolérance vis-à-vis un conflit
	9. L'identité
Schneider et Bartlett (1968)	**Friedlander et Margulies (1969)**
1 Le support directorial	1. Le désengagement
2. La structure organisationnelle	2. L'entrave
3. L'intérêt pour les nouveaux employés	3. L'esprit d'équipe
4. Les conflits	4. L'intimité (familiarité)
5. L'indépendance (autonomie)	5. La distance (réserve)
6. La satisfaction générale	6. L'orientation sur la production
	7. La confiance
	8. La considération
Meyer (1969) tiré de Johannesson (1973)	**Pritchard et Karasik (1973)**
1. Les règles et règlements	1. L'autonomie
2. Les normes	2. Les conflits vs la coopération
3. Les responsabilités	3. Les relations sociales
4. L'esprit d'équipe	4. La structure organisationnelle
5. Les récompenses	5. Le niveau de récompenses
6. Le degré d'organisation	6. La relation rendement–performance
	7. La recherche de perfection (ambition)
	8. Le statut
	9. La flexibilité et l'innovation
	10. La centralisation des décisions
	11. Le support

Gavin (1975)	James et Jones (1976)
1. La structure	1. Les conflits
2. L'entrave	2. Les défis
3. Les récompenses	3. Le leadership et le support
4. L'esprit d'équipe	4. La coopération–esprit d'équipe– chaleur
5. La confiance et la considération de la direction	5. Les attitudes
6. Les défis et les risques	6. Les normes

Drexlex (1977)	Bélanger *et al.* (1979)
1. L'importance des ressources humaines	1. La structure de l'organisation
2. Les conditions motivantes	2. Les politiques et les procédures de l'organisation
3. Les pratiques de prise de décisions	3. Le leadership
4. La communication	4. Le travail lui-même et les conditions de travail

Zohar (1980)

Climat de sécurité

1. L'importance perçue des programmes de formation en sécurité
2. Les attitudes perçues de la direction vis-à-vis la sécurité
3. Les effets perçus d'une conduite sécuritaire sur la promotion
4. Le niveau de risque perçu à un poste de travail
5. Les effets perçus du rythme de travail exigé sur la sécurité
6. Le statut perçu du responsable de la sécurité
7. Les effets perçus d'une conduite sécuritaire sur le statut social
8. Le statut perçu du comité de sécurité

Lafolette et Sims (1975) et Muchinsky (1976), dans Tourigny (1983), ont examiné le questionnaire de Litwin et Stringer (1968) :

> Ils arrivent aux mêmes conclusions à savoir que le questionnaire dans son ensemble a une fiabilité très relative, car elle n'est satisfaisante que pour les cinq indicateurs suivants : structure, récompenses, chaleur, support et identité, alors que pour les indicateurs responsabilité, risques, standard et conflits, la fiabilité est moins que satisfaisante. (Tourigny, 1983)

Tourigny, pour sa part, affirme que :

> De plus, les études de Muchinsky, Lafolette et Sims ont des indicateurs en commun alors que les autres sont plus spécifiques. Muchinsky explique que les différences entre certains indicateurs

sont dues à la variance causée par les caractéristiques telles que les pratiques, procédures et buts de l'organisation, qui étaient très différentes dans les deux échantillons.

L'auteur termine en montrant que trois de ses indicateurs se retrouvent parmi les quatre indicateurs communs que Campbell *et al.* (1970) relevaient dans les études de Litwin et Stringer (1968), Schneider et Bartlett (1968) et Taguiri (1968) :

1.   l'autonomie individuelle,

2.   le degré de structure imposé,

3.   le type de récompenses,

4.   considération–chaleur–support.

Payne et Pugh (1976) ajoutent un cinquième indicateur : l'orientation vers le développement et le progrès.

Waters *et al.* (1974), en étudiant les questionnaires de Halpin et Croft (1963) et House et Rizzo (1971), Litwin et Stringer (1968), ont à leur tour relevé cinq indicateurs communs dont trois s'apparentent aux dimensions de Campbell :

1.   la structure organisationnelle,

2.   l'autonomie au travail vis-à-vis les contraintes venant d'activités non productives,

3.   le contrôle,

4.   l'environnement,

5.   le degré de considération pour l'employé.

Hellriegel et Slocum (1974), Pritchard et Karasick (1973), James et Jones (1974, 1976) et Schneider (1975) reconnaissent tous qu'il peut y avoir un certain nombre d'indicateurs communs, mais que le nombre d'indicateurs nécessaires pour décrire un climat est certainement plus élevé que quatre ou cinq. Schneider et Snyder (1975) soulignent que les indicateurs choisis doivent être en rapport avec le type de climat à mesurer [exemple : climat pour la motivation de Litwin (1968), pour le support de Schneider et Bartlett (1968)]. De plus, il faut s'efforcer de recourir à des indicateurs ayant une variance faible dans l'organisation et forte dans un contexte interorganisationnel, et de s'en tenir à des descriptions.

Finalement, il est bon de souligner la distinction que font Lawler *et al.* (1974) et James et Jones (1974, 1976) entre structure organisationnelle (indicateurs, centralisation des décisions, hiérarchie, spécialisation des fonctions, etc.) et le processus organisationnel (leadership, communication, coordination, récompenses, sélection, etc.). Leurs travaux démontrent que les indicateurs de processus organisationnel jouent un plus grand rôle dans le climat organisationnel que les variables structurelles.

De cette revue de la littérature sur le climat organisationnel, nous pouvons dégager vingt-quatre indicateurs dont nous présentons ici la liste :

1. le travail lui-même
2. l'équité dans la rémunération
3. un processus sécuritaire de promotion
4. le support directorial
5. l'esprit d'équipe
6. l'autonomie
7. les conditions de travail
8. le niveau de responsabilité
9. la confiance et la considération
10. le risque et le défi (innovation)
11. la sécurité d'emploi
12. les règles et les normes
13. l'identité au travail
14. la structure de l'organisation
15. les récompenses
16. la résolution des conflits
17. des relations chaleureuses
18. les entraves
19. le processus de prise de décision
20. le statut
21. le désengagement
22. les attitudes
23. la relation rendement–performance
24. La communication

Après avoir présenté une série de définitions du climat organisationnel et ses indicateurs, nous poursuivons cette revue de littérature en nous attardant maintenant à la qualité de vie au travail.

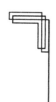

LE CONCEPT
DE
QUALITÉ DE VIE AU TRAVAIL

Dans cette section, nous présenterons un bref historique du concept de la qualité de vie au travail pour ensuite faire ressortir un modèle structurant de ce concept, le définir et finalement proposer des indicateurs.

Bref historique du concept de qualité de vie au travail

Inspirées par un article de Jacqueline Robin (1981), ces lignes proposent un survol historique du concept de la qualité de vie au travail. Au XIXᵉ siècle, avec le début de la révolution industrielle, le travailleur industriel délaissant l'artisanat et la petite entreprise à domicile, avait dû s'adapter à la machine devenue de plus en plus indépendante de l'énergie humaine pour son fonctionnement. La technologie n'ayant cependant pas encore atteint un degré de raffinement suffisant, le travailleur représentait un appoint important en comblant les vides entre les diverses machines de la manufacture. Le travailleur servait donc de complément à la machine, laquelle lui imposait son rythme et réduisait de plus en plus le nombre et l'importance des décisions qu'il devait prendre dans l'exécution de son travail. Les contraintes que le travailleur industriel devait subir étaient devenues tout à fait différentes de celles du travailleur agricole et de l'artisan dont la technologie était, à l'opposé, le complément.

Vers la fin du XIXᵉ siècle et le début du XXᵉ siècle, le rôle du travailleur dans l'entreprise était appelé à évoluer davantage. Le sens de cette évolution allait vers l'assimilation stricte du travail humain dans l'entreprise aux opérations d'une machine.

Le taylorisme ou l'organisation scientifique du travail devait aboutir, pour ne citer que la technique des chaînes de montage, à la spécialisation et à la répétitivité maximale des tâches et, par voie de conséquence, à un besoin minimal de formation. Le taylorisme avait, et l'on pourrait affirmer qu'il les a encore, des avantages économiques incontestables. Au cours des dernières décennies, ces avantages ont cependant été minés de façon importante par des problèmes humains, comme la monotonie des tâches, la déqualification des tâches, l'aliénation des travailleurs par rapport à leur travail et à la surspécialisation, causes d'éventuelles baisses de productivité.

Réagissant contre les séquelles les plus notoires entraînées par la division excessive du travail, l'école des relations humaines, dont le foyer se trouvait aux États-Unis, chercha durant les années 30 à mettre à profit la somme des connaissances acquises par la sociologie et la psychologie pour décrire les dynamismes sociaux et humains à l'œuvre dans la vie quotidienne de l'entreprise. Un certain usage abusif des sciences du comportement jeta le discrédit sur « l'école des relations humaines » parce qu'elle dissociait l'organisation humaine de l'entreprise de son organisation technique et laissait l'organisation scientifique du travail à peu près intacte. « Les relations humaines » apparurent donc comme un effort de manipulation de la part de l'entreprise pour asservir davantage encore les travailleurs à la machine. Il fallait donc réinventer ces deux dimensions de l'entreprise (Robin, 1981).

Les travaux de Herzberg (1966), d'une part, et ceux de Trist (1981) du Tavistok Institute de Londres, d'autre part, ont sans doute compté parmi ceux qui ont contribué le plus à mettre au point de nouvelles idées et de nouvelles méthodes afin de réintégrer le travailleur et son travail.

Dans le prolongement des travaux de Maslow (1943) et de McGregor (1969), l'organisation du travail devait donc, selon Herzberg (1966), chercher à insérer ces facteurs de motivation dans la situation réelle du travail. C'est d'ailleurs ainsi que sont nés les concepts maintenant bien connus d'élargissement des tâches, d'enrichissement et de valorisation des tâches, qui sont autant de façons de définir la tâche pour qu'elle comporte le plus possible de facteurs de motivation.

Le Tavistok Institute de Londres, mettant l'accent sur le groupe de travail plutôt que sur l'individu, mit au point une synthèse intégrant la dimension technique et la dimension humaine et sociale de l'entreprise. Les recherches du Tavistock devaient aboutir au concept de système sociotechnique et démontrer de façon convaincante que le comportement au travail, les relations entre les ouvriers et la direction et aussi entre eux-mêmes ne peuvent être analysées de façon valable sans référence à la technique et aux méthodes de production.

Westley (1981), inspiré par le tableau de Walton (1982) présentant les fondements de la qualité de vie au travail, affirme

> [...] que les efforts actuellement déployés pour améliorer ou humaniser le quotidien du travail visent la résolution de l'un ou plusieurs des quatre problèmes auxquels le travailleur se trouve confronté : insécurité, iniquité, aliénation et anomie. Ces problèmes constituent des catégories générales entre lesquelles nous pouvons répartir les efforts les plus modernes destinés à humaniser le travail. Chaque problème plonge ses racines dans la nature même des organisations professionnelles au sein de la société industrialisée.

Le tableau de Walton (1982) présente une très bonne synthèse des fondements de la qualité de vie au travail.

Tableau 3
Racines et fondements de la qualité de vie au travail

Nature des revendications	Problèmes liés au travail	Responsables de la résolution de problème	Signes indicatifs	Solutions proposées
Économique 1850-1950	Iniquité	Syndicat	Insatisfaction Grèves et sabotages	Coopératives Partage des profits Accord concernant la productivité
Politique 1850-1950	Insécurité	Groupes d'auto-épanouis-sement	Insatisfaction Grèves et sabotages	Autogestion par le travailleur Directeurs, ouvriers Conseil des travailleurs
Seconde Guerre mondiale				
Psycho-logique 1950 à ce jour	Aliénation	Partis politiques	Sentiment de retrait Absentéisme et roulement du personnel	Enrichissement des tâches
Sociologique 1950 à ce jour	Anomie	Spécialistes du changement	Sentiment de non-sens Absentéisme et roulement	Groupes de travail conçus en fonction du modèle sociotechnique

Définitions du concept de qualité de vie au travail

Avant de nous lancer dans une définition de la qualité de vie au travail, il nous paraît opportun de relever les dimensions qui lui sont afférentes et d'élaborer un modèle structurant de la qualité de vie au travail.

Quatre aspects de la qualité de vie au travail originellement distingués par Boisvert et Thériault (1978) vont servir de points de référence à notre modèle. Le travail en soi constitue, selon les auteurs nord-américains, la dimension centrale autour de laquelle s'articulent les trois autres : la santé et la sécurité au travail, l'organisation du travail et la démocratie industrielle.

- Boisvert (1980) et Turcotte (1982) réfèrent abondamment à l'aspect santé et sécurité au travail en traitant de l'environnement de travail malsain, des maladies professionnelles et des accidents de travail. Lawler (1975) s'est attardé au stress, et sans doute que le burnout peut également faire partie de cette dimension.

- Turcotte (1982), Boisvert et Thériault (1977) et Cherns (1975) ont porté une attention spéciale à la dimension organisation du travail. Pour eux, cette dimension rassemble les aspects tels la variété, l'autonomie, les contacts avec les collègues, les horaires de travail, l'enrichissement des tâches, les équipes semi-autonomes, etc. Cette dimension semble être celle qui a le plus retenu l'attention des auteurs. D'ailleurs, si l'on s'attarde quelque peu aux aspects traités, on constate que ces derniers ressemblent étrangement aux indicateurs déjà énumérés pour mesurer les concepts de satisfaction et de climat organisationnel.

La participation à la prise de décision organisationnelle mobilise, en Europe et principalement dans les pays scandinaves, les efforts sous la bannière de la « démocratie industrielle ». Cette appellation renvoie non seulement à la participation de l'ouvrier aux décisions touchant directement sa tâche, mais elle englobe aussi l'influence, directe ou par le biais de représentants, sur la prise de décision administrative et stratégique.

Selon Trist (1981), certains évoquent la durabilité de l'autogestion, mais la plupart, pour des raisons d'ordre pratique plutôt qu'idéologique, recherchent un certain degré de cogestion de l'entreprise ou même parfois se contentent de consulter les employés de la base. Afin de mieux comprendre ce modèle structurant, nous le présentons dans le tableau suivant.

Tableau 4
Qualité de vie au travail

Santé et sécurité au travail	Organisation du travail	Démocratie industrielle
Environnement de travail malsain	Enrichissement des tâches	Consultation
Maladies professionnelles	Équipes semi-autonomes	Participation
Accidents de travail	Rémunération appropriée	Cogestion et autogestion
Stress	Règles et normes	
Burnout	Horaires de travail	
	Contacts avec les collègues	
	Autonomie	
	Avancement	
	Croissance	
	Accomplissement	
	Feed-back reçu	
	Identité au travail	
	Variété	
	Vie personnelle	

En s'inspirant de ce modèle et à l'aide des auteurs, nous allons tenter de définir la qualité de vie au travail.

- La définition qu'en donne Bergeron (1982) englobe cinq éléments qui se résument de la manière suivante :

L'application concrète d'une philosophie humaniste, par l'introduction de méthodes participatives, visant à modifier un ou plusieurs aspects du milieu de travail, afin de créer une situation nouvelle, plus favorable à la satisfaction des employés de l'entreprise.

Cette définition est particulièrement intéressante puisqu'elle fait intervenir la notion de changement.

- Turcotte (1982) définit la qualité de vie au travail ainsi :

La dynamique de l'organisation du travail permettant de maintenir ou d'accroître le bien-être physique et psychologique de l'homme, afin d'aboutir à une plus grande congruence avec son espace de vie totale.

Le bien-être découlant d'une qualité de vie au travail donnée est intimement lié à la notion de satisfaction.

- Roy *et al.* (1982) considèrent que la qualité de vie au travail est « Une façon de concevoir le travail et son organisation en se basant sur des principes qui considèrent les personnes. »

- Dion (1986), dans la deuxième édition de son dictionnaire, définit la qualité de vie au travail comme suit :

    Courant de pensée et ensemble des activités visant à sensibiliser les dirigeants d'entreprise, les dirigeants syndicaux et les travailleurs aux problèmes humains au travail et à changer leur mentalité pour les amener à entreprendre conjointement un nouvel aménagement de l'organisation du travail ainsi que des rapports du travail.

Après avoir défini ce concept de qualité de vie au travail, comment fait-on pour la mesurer dans une entreprise ? Les indicateurs suivants vont permettre de répondre à cette question.

Les indicateurs de qualité de vie au travail

La plupart des recherches sur la qualité de vie au travail considèrent la satisfaction comme variable dépendante. Par contre, suivant Seashore (1975), en raison même de la nature dynamique du problème, la satisfaction au travail doit être traitée comme cause et non seulement comme conséquence de la qualité de vie au travail. Ainsi, le concept de satisfaction refait surface... Toutefois, nous nous concentrerons principalement sur les indicateurs relevés par Cherns (1975), Warman (1980) et Turcotte (1982).

Cherns (1975) énonce huit indicateurs qui, rassemblés, forment un cadre d'analyse de la qualité de vie au travail. Warman (1980), pour sa part, en propose seize et Turcotte (1982) cinq. Examinons la liste de ces indicateurs (voir tableau 5).

Force nous est de reconnaître que les indicateurs relevés par les auteurs se ressemblent, étant tous guidés par la même ligne de pensée, qui est d'accorder plus d'importance à la dimension humaine au travail.

En outre, nous pouvons dégager un point commun de la définition du concept et de ses indicateurs : la qualité de vie au travail met l'accent sur les rapports entre les gens et leur travail, car elle permet une plus grande participation des employés à leur milieu de travail en leur fournissant plus de responsabilités. En ce sens, la qualité de vie au travail reconnaît que le travail est une activité qui possède un sens propre et que le milieu de travail n'est pas simplement un système technique, mais également une organisation complexe dite sociale.

Tableau 5

Indicateurs de la qualité de vie au travail selon les auteurs

Cherns (1975)	Warman (1980)
1. La rémunération	1. Le support au travail
2. Les conditions de travail sécuritaires et saines	2. L'utilisation et le développement du potentiel
3. L'opportunité d'utiliser et de développer les capacités individuelles	3. La participation et l'influence
4. Les opportunités de carrière	4. L'avancement basé sur l'expérience
5. La nature des relations interpersonnelles	5. Le plan de carrière
6. Les règles de l'organisation	6. Les relations avec les supérieurs
7. Le travail et la vie de chacun	7. Les relations avec les collègues
8. La pertinence de mener une vie de travailleur	8. Les relations patronales – syndicales
	9. Le respect des individus
	10. La confiance en la direction
	11. L'environnement physique
	12. Le bien-être économique
	13. Les attitudes des employés
	14. Un minimum de stress au travail
	15. L'impact sur la vie personnelle
	16. L'engagement des employés

Turcotte (1982)

1. L'autonomie
2. Les facteurs physiques (éclairage, aération, bruit, chaleur)
3. L'usage du potentiel et la croissance
4. L'identité au travail
5. Le feed-back reçu

L'expression évoque donc une façon de concevoir le travail et l'organisation du travail, fondée sur des principes qui tiennent compte de la personne. Elle désigne un mode de vie au travail mettant en valeur l'être humain plutôt que les objets.

Un concept nouveau mais fortement véhiculé présentement permettra de refermer la boucle dans l'étude des concepts pour la recherche. Il s'agit de la culture organisationnelle dont nous traiterons dans les pages suivantes.

LE CONCEPT DE CULTURE ORGANISATIONNELLE

La culture organisationnelle semble naviguer entre les concepts de satisfaction, de qualité de vie au travail et de climat organisationnel. Selon Turcotte (1982), la culture inhérente au travail est l'une des variables qui déterminent l'acceptation des modifications d'une tâche, la satisfaction des individus au travail et l'efficacité de l'entreprise. Si le groupe accepte l'idée d'une tâche enrichie, cette acceptation peut influer sur l'orientation que prendra la satisfaction une fois le changement réalisé.

Selon Walton (1979), la culture propre au travail prend forme sur une période de temps donnée par une combinaison de facteurs, dont les techniques par lesquelles le travail est organisé. Ainsi, les techniques de « design » du travail affectent les idéaux de culture qui, à leur tour, affectent les résultats attendus tant au niveau de l'entreprise que de la qualité de vie au travail.

La culture propre au travail peut favoriser la créativité si elle est orientée vers la valorisation des idées nouvelles au lieu du statu quo. Dans le cas contraire, l'individu créateur devra soit être assimilé par la culture dominante, soit la modifier ou quitter le groupe.

En juin 1978, le ministre d'État au Développement culturel à l'époque, monsieur Camille Laurin, rendait public son Livre blanc sur le développement culturel. On y mentionnait que le travail est considéré comme un véhicule important de la culture en tant que charnière entre le réel et les possibilités d'expression et de valorisation qui peuvent s'offrir à la personne. Après avoir énuméré une série de difficultés qui empêchent encore les individus d'être valorisés par leur travail (parcellisation, fragmentation et bureaucratisation du travail), le Livre blanc en arrivait à postuler que l'État pourrait s'impliquer davantage, d'une part, pour endiguer la désaffectation des jeunes devant la nature du travail qui leur est offert et, d'autre part, pour encourager une démocratisation plus poussée de la société.

Le Livre blanc proposait alors deux lignes d'action qui permet-traient d'atteindre les objectifs suivants : 1) la transformation progres-sive des conditions de travail en collaboration avec les entreprises et les syndicats ; 2) la formation des travailleurs. La première perspec-tive s'apparente nettement à une philosophie de la qualité de vie au travail. De plus, un examen attentif du Livre blanc permet de consta-ter que la culture prendra racine et se développera grâce à l'amélio-ration de la qualité de vie au travail.

En tentant de définir le concept de culture organisationnelle, Bélanger (1986) établit une distinction entre culture organisationnelle et climat organisationnel. Selon lui, la notion de culture organisation-nelle renvoie à un ordre de représentations et de significations, alors que celle de climat renvoie aux perceptions des individus et aux éva-luations qu'ils font de leurs fonctions et de leur environnement physi-que et social de travail. Le climat porte donc sur des attributs ou caractéristiques des organisations comme ils sont perçus par les per-sonnes qui en font partie. Par conséquent, l'évaluation du climat peut varier d'un observateur à un autre, selon la nature et le nombre d'at-tributs retenus comme composantes importantes.

L'évaluation du climat, pour sa part, porte sur des perceptions et des appréciations individuelles ramenées à des moyennes statistiques en vue d'établir un profil type tandis que la culture se rapporte plutôt à l'observation et à la mesure d'attributs qui sont partagés à divers degrés par une collectivité ou un groupe de personnes.

Définition de culture organisationnelle

Avant de procéder à la définition de la culture organisationnelle, expression d'ailleurs récente, examinons de plus près le concept de culture. Parmi les auteurs qui se sont consacrés à l'étude des phéno-mènes culturels, nous avons relevé plus de 75 définitions différentes de la culture (Kroeber et Kluckhohn, 1952), c'est dire combien les vues peuvent diverger à ce sujet. Dans le domaine de la gestion, la confusion n'est pas aussi grande parce que les chercheurs ont besoin d'une définition pratique qui puisse les aider à mieux comprendre leurs observations du monde des organisations. Naturellement, la définition n'est pas une fin en soi, mais elle est un point de départ qui facilite le parcours vers une meilleure compréhension des phénomè-nes culturels qui nous entourent (Allaire et Firsirotu, 1984).

- Keesing (1974), après avoir passé en revue les définitions et les théories existantes, a proposé une définition particulièrement utile et pratique, tout en étant compatible avec la majorité des notions de culture. Cet auteur soutient que la culture est un ensemble de compétences ou capacités et de principes, partagé par un groupe dans ses aspects les plus généraux, mais qui peut comprendre des variations correspondant aux spécificités individuelles. Selon lui, la culture organisationnelle est la conception que l'individu se fait du savoir et des croyances de ses collègues ainsi que du sens qu'eux-mêmes leur donnent ; c'est sa théorie du code suivi et sa théorie du jeu qu'on joue.

- Pettigrew (1979) définit la culture organisationnelle comme un système de significations accepté publiquement et collectivement par un groupe donné, à un moment donné.

- Pour Deal et Kennedy (1982), c'est un ensemble de valeurs, de symboles, de héros, de rites et d'histoires qui influencent le comportement des individus au travail.

- Pour Lemaître (1985), c'est un système de représentations et de valeurs partagées par tous les membres de l'entreprise. Cela signifie que chacun adhère à une vision commune de ce qu'est l'entreprise, de son côté économique et social, de la place qu'elle occupe par rapport à ses concurrents, de sa mission vis-à-vis ses clients, de son personnel et de ses actionnaires.

- Bertrand (1991) fait intervenir la notion de conflit dans sa définition que voici : « un processus sociodynamique et un ensemble de connaissances (perceptions, jugements, intuitions, informations, stratégies, valeurs, etc.) utilisées par des groupes afin de se doter de meilleurs moyens de survivance dans un monde caractérisé par des relations antagonistes entre les personnes et les groupes ».

- Selon Sathe (1985), des anthropologues et des chercheurs ont noté que la culture est quelque chose qui coordonne et intègre le comportement humain dans un groupe ou dans une société.

- Booke et Kilman (1986) définissent la culture comme un ensemble de valeurs partagées, de croyances, d'attentes et de normes.

Pour mieux comprendre ce qui constitue une culture, le modèle de Schein (1985) sera utilisé. Ce dernier a proposé qu'on aborde la culture organisationnelle selon trois niveaux distincts mais liés entre eux : 1) les artefacts et les créations, 2) les valeurs, 3) les croyances fondamentales. Le premier niveau vise des éléments comme la langue, la technologie et l'organisation sociale. Le deuxième niveau regroupe les valeurs et l'idéologie, indiquant les idéaux et les buts d'un groupe culturel ainsi que les voies qui permettent d'y arriver. Le troisième niveau inclut des notions comme les croyances sur la relation entre l'homme et la nature, l'orientation temporelle, les croyances sur la nature humaine et le concept de l'espace et des relations spatiales humaines. Ce niveau contient les « données » d'une culture, ce qui est accepté sans question et ce qui est caché dans la mémoire inconsciente de l'individu.

Chaque niveau est d'une certaine manière une manifestation du niveau précédent ; c'est ainsi que se révèle l'interrelation des trois niveaux. Le dernier niveau est le plus visible et en principe le plus facile à changer. Le premier niveau est le plus profond ; il serait très résistant au changement.

Maintenant qu'un modèle a été cerné pour l'analyse de la culture, on peut s'interroger sur l'origine de la culture organisationnelle. Selon certains auteurs, elle naîtrait des besoins de l'individu, des mécanismes de groupe et de l'influence du leadership du fondateur de l'organisation (Ouchi, 1981 ; Ouchi et Jaeger, 1978 ; Schein, 1985). L'individu fait sienne la culture organisationnelle parce que celle-ci lui permet de satisfaire certains besoins. La culture surgit, est renforcée et transmise par des processus d'interaction en groupe. Un fondateur relativement fort est nécessaire pour donner une orientation à la culture et pour résoudre les conflits inévitables qui accompagnent la naissance et la définition des valeurs et des normes culturelles.

Une culture organisationnelle peut satisfaire plusieurs besoins individuels. Au sein d'un pays ou d'une nation, elle donne une signification à des phénomènes qui touchent l'individu. Cela réduit d'une certaine manière l'incertitude et l'angoisse existentielle du participant. Selon Jaeger (1987), dans une culture organisationnelle, les membres partagent des valeurs et des expériences qui leur donnent un sentiment d'appartenance à une communauté. La culture organisationnelle peut aussi satisfaire les besoins d'apprentissage de l'individu. Les normes, les valeurs et le « jeu organisationnel » de la culture donnent une perspective sur les formes de gestion de l'entreprise qui ont survécu dans un monde compétitif. En participant à la culture organisationnelle, l'individu apprend à se servir des outils de la gestion (Jaeger, 1982).

En outre, on peut considérer la culture organisationnelle comme une sous-culture qui normalement prend appui sur sa culture nationale, tout en ayant ses propres valeurs et normes de comportement, spécifiques au contexte organisationnel.

Selon Schein (1985), une culture organisationnelle a deux grandes fonctions : l'adaptation de l'organisation à l'environnement externe et l'intégration interne. Pour l'adaptation à l'environnement, la culture définit la mission et la stratégie de l'entreprise, les buts organisationnels et les moyens d'arriver aux buts. Elle permet de mesurer le progrès accompli dans l'atteinte des buts et de faire des corrections. Pour faciliter l'intégration interne, la culture organisationnelle donne aux membres de l'organisation une langue, des expressions et des catégories conceptuelles communes. La culture définit les groupes et détermine quels en sont les membres.

Elle comprend aussi des critères utilisés pour l'acquisition et la distribution du pouvoir et du statut, les règles qui président aux relations amicales entre membres de l'organisation, les récompenses et les sanctions du comportement, et enfin, l'idéologie ou la « religion » qui donne un sens aux événements organisationnels.

Cela conduit à la définition de la culture organisationnelle selon Schein (1984) dans Bélanger (1986) :

a) une configuration de postulats ou de généralisations de base, qu'un groupe donné a inventée, découverte ou développée par apprentissage, en cherchant des solutions à ses problèmes de fonctionnement interne ou d'adaptation à un environnement ;

b) une configuration qui correspond suffisamment aux besoins des individus pour qu'elle puisse être considérée comme valide, et partant, qu'elle puisse être enseignée aux nouveaux membres comme la manière correcte de penser, de sentir, d'agir en tenant compte de ces problèmes.

Jenning (1986) abonde dans ce sens lorsqu'il définit ainsi la culture organisationnelle :

La culture, d'après la définition des spécialistes en sciences humaines, se compose des « aspects d'un environnement façonnés par l'être humain ». Pour une organisation, cela veut dire, entre autres choses, une structure interne homogène qui modèle le comportement, les valeurs et la façon de penser, d'agir et de parler des gens (Richard, 1985). Plus simplement, on définit souvent la culture comme étant « la façon dont on fait les choses ici ». Ce concept sous-tend certains postulats concernant les croyances et règlements, officiels ou non, d'une organisation. La culture organisationnelle peut être perçue comme un style particulier producteur d'énergie sociale.

Pour la majorité des employés, un emploi, c'est une façon de vivre et la culture d'une entreprise peut, à tort ou à raison, déterminer le destin d'une personne. Ainsi, l'employé qui s'adapte à la culture organisationnelle pourra facilement s'intégrer, alors que celui qui a des valeurs différentes sera rétrogradé ou même congédié. En d'autres mots, la culture représente ce que l'entreprise considère la « normalité ». C'est elle qui aidera les employés à trouver un sens aux événements et représentations qui ont cours dans leur organisation. (Notre traduction.)

Ouchi (1981) estime que c'est l'appartenance à une communauté organisationnelle qui entraîne la loyauté des employés et la coopération interne. C'est elle qui donne une direction logique à l'entreprise en même temps qu'elle inspire et motive les employés.

Les indicateurs de culture organisationnelle

Ce concept est jeune et il semble difficile de déterminer les indicateurs de mesure de la culture organisationnelle. Cependant, certains auteurs se sont penchés sur la question pour en ressortir quelques indicateurs que nous vous proposons ici.

Il existe deux méthodes pour définir la culture organisationnelle : les méthodes qualitatives, jusqu'à présent les plus utilisées, et les méthodes quantitatives.

Les indicateurs de mesure utilisés par les méthodes qualitatives sont souvent :

1. les artefacts,

2. les informations archivées, les statistiques,

3. la structure de l'entreprise,

4. le processus de décision,

5. le langage et les communications,

6. les mythes et les histoires, les sagas et les légendes,

7. les normes et les comportements attendus,

8. les croyances et les valeurs partagées.

Sur le plan quantitatif certains auteurs ont développé des questionnaires.

Au début des années 80, Dyer et Dyer (1980) ont élaboré un instrument intitulé : « Norms Diagnostic Index ». Cet outil permet de tracer un profil des façons de se comporter qui sont acceptées, encouragées et récompensées. Il comprend sept indicateurs de mesure.

Sashkin (1984), pour sa part, élabora un questionnaire mesurant les valeurs et les croyances les plus explicites dans l'organisation. Ce questionnaire est appelé « Organizational Beliefs Questionnaire » et rassemble dix indicateurs.

D'autres auteurs élaborèrent également des questionnaires visant à mesurer la culture à l'aide d'indicateurs ; nous les présentons au tableau 6 suivis des indicateurs qu'ils ont relevés.

Le cabinet Hay et associés, pour sa part, mène depuis longtemps des études sur le climat du management de centaines d'entreprises auprès de cadres supérieurs, où on leur demande de donner leur perception du mode de fonctionnement de l'entreprise. Un chercheur, Gordon (1985), a eu l'idée d'exploiter cette masse de données pour mesurer la culture de ces entreprises et établir des comparaisons de culture. S'inspirant de Peters et Waterman (1983), il mit en évidence onze indicateurs de mesure de la culture organisationnelle.

Tableau 6
Indicateurs de culture organisationnelle selon les auteurs

Dyer et Dyer (1980)	Sashkin (1984)
1. Le support à l'accomplissement du travail 2. L'implication dans le travail 3. La formation 4. Les échanges supérieurs–subordonnés (supervision) 5. Les politiques et procédures 6. La confrontation 7. Le climat de travail	1. La nature plaisante du travail 2. Le désir d'être les meilleurs 3. La recherche du risque 4. La qualité 5. L'innovation 6. Les valeurs des gens 7. La communication 8. Les profits 9. La supervision 10. La philosophie de gestion

Tucker, McCoy, Evans (1990)	
1. L'importance des clients 2. L'importance des employés 3. La congruence entre les paroles et les actes 4. L'impact de la mission 5. La maturité de la gestion 6. Le processus de décision (autonomie) 7. La communication	8. L'importance du facteur humain 9. La motivation–reconnaissance 10. La coopération et la compétition 11. La congruence de l'image interne de l'entreprise et l'image externe 12. La performance et la pression 13. L'importance de la sélection 14. La formation

Hofstede, Neuijen, Davol Ohayo, Sanders (1990)	Panda, Mathur, Khurana (1990)
1. Les besoins de sécurité 2. La centralisation du travail 3. Les besoins d'autorité 4. Les processus vs les résultats 5. Les employés vs les tâches 6. Le paternalisme vs le professionnalisme 7. Le système ouvert vs le système fermé 8. Le contrôle large vs le contrôle étroit 9. Le normatif vs le pragmatique	*Indicateurs observables de la culture* 1. Le support 2. La structure 3. La tolérance ou le conflit 4. La récompense de la performance 5. La responsabilisation 6. La tolérance ou le risque 7. L'autonomie *Indicateurs pertinents à l'étude de la culture* 1. Les croyances 2. Les normes de groupe 3. L'exercice de l'autorité 4. L'identité
Gordon (1985)	**Hayes (1986)**
1. Le tableau des orientations ou la mission de l'entreprise 2. La capacité d'adaptation de l'organisation et de ses membres 3. L'intégration et l'encouragement à travailler ensemble 4. L'engagement et le support de la direction 5. L'encouragement de l'initiative individuelle 6. La capacité à expliciter et régler les conflits 7. La visibilité des objectifs par une communication efficace 8. L'orientation vers la performance 9. L'orientation vers l'action 10. Le caractère incitatif du système de rémunération 11. Le développement des ressources humaines	1. La définition d'une mission 2. Les décisions par consensus 3. L'orientation vers l'action 4. La communication et l'honnêteté 5. La reconnaissance et l'encouragement 6. L'imagination et l'innovation, 7. Le travail d'équipe

Il y a une certaine similitude entre les listes des indicateurs de Gordon et Hayes. Étant donné le manque de documentation dans ce domaine, principalement en ce qui concerne les indicateurs, il convient de composer avec les listes présentées par ces deux auteurs.

En conclusion, inspiré par Jaeger (1987), il semble que la culture organisationnelle soit un élément essentiel du fonctionnement d'une entreprise. Pour comprendre sa culture, il faut être conscient des éléments qui la constituent et savoir comment on peut la révéler. Pour comprendre la gestion d'une entreprise, il faut être conscient de l'influence d'une culture sur le comportement interne et stratégique d'une organisation, et cela pour la gestion efficace de n'importe quelle entreprise compétitive.

Les définitions des différents concepts de satisfaction au travail, de climat organisationnel, de qualité de vie au travail, de culture organisationnelle permettent à ce moment-ci de relever certains indicateurs communs. Le résultat de cet exercice sera présenté à la section suivante.

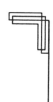

DÉTERMINATION
DES
INDICATEURS COMMUNS DE MESURE

La revue de la littérature nous permet de dénombrer vingt-deux indicateurs pour la satisfaction au travail, vingt-quatre indicateurs pour le climat organisationnel, dix-sept indicateurs pour la qualité de vie au travail et vingt-six indicateurs pour la culture organisationnelle. La liste suivante sera plus exhaustive quant aux indicateurs et aux auteurs qui les ont développés.

Tableau 7
Les indicateurs de concepts et les auteurs

Satisfaction au travail	Auteurs
1. Le travail lui-même	Hoppock (1935), Katz (1949), Herzberg (1989), Smith (1969), Larouche (1977), Côté-Desbiolles (1979), Guiot (1980), Naisbitt (1986).
2. Le salaire	Katz (1949), Herzberg (1959), Smith (1969), Larouche (1977), Côté-Desbiolles (1979), Guiot (1980), O'Brien (1982), Burroughs (1982).
3. Les possibilités d'avancement	Katz (1949), Herzberg (1959), Smith (1969), Larouche (1977), Côté-Desbiolles (1979), Naisbitt (1986).
4. Le type de supervision (leadership, compétence, support humain et technique)	Herzberg (1959), Smith (1969), Larouche (1977), Côté-Desbiolles (1979), Guiot (1980), Gilmore (1979), Szilagyi (1980), Naisbitt (1986).
5. Les collègues	Herzberg (1959), Smith (1969), Côté-Desbiolles (1979), De Meuse et Liebowitz (1981), Paul et Gross (1981).

Tableau 7 (suite)

6. L'autonomie	Larouche (1977), Guiot (1980), Naisbitt (1986).
7. Les conditions physiques de travail (santé, sécurité, horaire, bruit, éclairage, aération)	Herzberg (1959), Larouche (1977), Côté-Desbiolles (1979), Nollen (1982).
8. Le degré de responsabilité	Herzberg (1959), Larouche (1977), Guiot (1980).
9. La reconnaissance–considération	Katz (1949), Herzberg (1959), Larouche (1977), Guiot (1980), Naisbitt (1986).
10. L'innovation	Larouche (1977), Naisbitt (1986).
11. La communication	Herzberg (1959), Larouche (1977).
12. L'information	Bowers (1973), Larouche (1977), Pasmore et King (1978), Das (1982), Naisbitt (1986).
13. La sécurité d'emploi	Hoppock (1935), Herzberg (1959), Larouche (1977), Côté-Desbiolles (1979).
14. La variété dans le travail	Larouche (1977), Guiot (1980).
15. Les politiques de l'organisation	Herzberg (1959), Larouche (1977).
16. L'accomplissement et la croissance	Herzberg (1959), Naisbitt (1986).
17. La participation	Locke et Schweiger (1979), Mohovich (1981), O'Brien (1982), Jackson (1983).
18. L'autorité	Kerr (1974), Larouche (1977), Graen (1982).
19. Le statut	Hoppock (1935), Herzberg (1959).
20. Le travail et la vie personnelle	Herzberg (1959).
21. La capacité d'adaptation	Hoppock (1935).
22. La loyauté	Hoppock (1935).

Climat organisationnel	Auteurs
1. Le travail lui-même	Bélanger *et al.* (1979).
2. L'équité dans la rémunération	Litwin et Stringer (1968).
3. Un processus sécuritaire de promotion	Zohar (1980).
4. Le support directorial	Forehand et Gilmer (1964), Schneider et Bertlett (1968), Litwin et Stringer (1968), Pritchard et Karasick (1973), James et Jones (1975), Bélanger *et al.* (1979).

Tableau 7 (suite)

5. L'esprit d'équipe	Meyer (1968), Friedlander et Margulies (1969), Gavin (1975), James et Jones (1975).
6. L'autonomie	Schneider et Bartlett (1968), Litwin et Stringer (1968), Pritchard et Karasick (1973).
7. Les conditions de travail	Drexler (1977), Bélanger *et al.* (1979), Zohar (1980).
8. Le niveau de responsabilité	Meyer (1968).
9. La confiance et la considération	Friedlander et Margulies (1969), Gavin (1975).
10. Le risque et le défi (innovation)	Litwin et Stringer (1968), Pritchard et Karasick (1973), Gavin (1975), James et Jones (1975).
11. La sécurité d'emploi	Zohar (1980).
12. Les règles et les normes	Meyer (1968), Litwin et Stringer (1968), James et Jones (1975), Bélanger *et al.* (1979).
13. L'identité au travail	Litwin et Stringer (1968).
14. La structure de l'organisation	Forehand et Gilmer (1964), Schneider et Bartlett (1968), Litwin et Stringer (1968), Pritchard et Karasick (1973), Gavin (1975), Bélanger *et al.* (1979).
15. Les récompenses	Meyer (1968), Pritchard et Karasick (1973), Gavin (1975).
16. La résolution des conflits	Litwin et Stringer (1968), Pritchard et Karasick (1973), James et Jones (1975).
17. Des relations chaleureuses	Litwin et Stringer (1968), Friedlander et Margulies (1969).
18. Les entraves	Friedlander et Margulies (1969), Gavin (1975).
19. Le processus de prise de décisions	Pritchard et Karasick (1973), Zohar (1980).
20. Le statut	Pritchard et Karasick (1973), Zohar (1980).
21. Le désengagement	Friedlander et Margulies (1969).
22. Les attitudes	James et Jones (1975).
23. La relation rendement–performance	Pritchard et Karasick (1973).
24. La communication	Drexler (1977).

Tableau 7 (suite)

Qualité de vie au travail	Auteurs
1. La rémunération	Cherns (1975), Warman (1980).
2. Les opportunités de carrière	Cherns (1975), Warman (1980).
3. Le support au travail	Warman (1980).
4. Les relations avec les collègues	Warman (1980).
5. L'autonomie	Turcotte (1982).
6. Des conditions de travail saines et sécuritaires	Cherns (1975), Warman (1980), Turcotte (1982).
7. Le feed-back reçu	Turcotte (1982).
8. Les règles de l'organisation du travail	Cherns (1975).
9. L'usage du potentiel et croissance	Cherns (1975), Warman (1980), Turcotte (1982).
10. La participation et l'influence	Warman (1980), Trist (1982).
11. L'identité au travail	Turcotte (1982).
12. La nature des relations interpersonnelles	Cherns (1975), Warman (1980).
13. L'engagement des employés	Cherns (1975), Warman (1980).
14. Les attitudes des employés	Warman (1980).
15. Le travail et la vie personnelle	Cherns (1975), Warman (1980).
16. Le respect des individus	Warman (1980).
17. Les relations patronales–syndicales	Warman (1980).

Tableau 7 (suite)

Culture organisationnelle	Auteurs
1. La rémunération	Gordon (1985).
2. L'engagement et le support de la direction	Gordon (1985), Dyer et Dyer (1980), Parida *et al.* (1990).
3. L'intégration et le travail en équipe	Gordon (1985), Hayes (1986), Dyer et Dyer (1980).
4. L'encouragement à l'initiative	Gordon (1985), Sashkin (1984), Tucker *et al.* (1990), Parida *et al.* (1990).
5. L'encouragement et la reconnaissance	Hayes (1986), Tucker *et al.* (1990), Parida *et al.* (1990).
6. L'imagination et l'innovation	Hayes (1986), Sashkin (1984).
7. La communication et l'honnêteté	Hayes (1986), Sashkin (1984), Tucker *et al.* (1990).
8. L'information continue	Gordon (1985).
9. Le développement des ressources humaines	Gordon (1985), Dyer et Dyer (1980), Tucker *et al.* (1990).
10. La capacité de régler les conflits	Gordon (1985), Dyer et Dyer (1980), Tucker *et al.* (1990), Parida *et al.* (1990).
11. La prise de décision par consensus	Hayes (1986).
12. L'orientation vers la performance	Gordon (1985), Sashkin (1984), Tucker *et al.* (1990), Parida *et al.* (1990).
13. L'adhésion à la mission de l'organisation	Gordon (1985), Hayes (1986), Tucker *et al.* (1990).
14. L'orientation vers l'action	Gordon (1985), Hayes (1986).
15. La capacité d'adaptation	Gordon (1985).
16. La supervision	Tucker (1990), Parida *et al.* (1990), Dyer et Dyer (1980), Sashkin (1984).
17. Les politiques et procédures	Dyer et Dyer (1980).
18. Le climat de travail	Dyer et Dyer (1980).
19. La nature du travail	Sashkin (1984), Hofstede *et al.* (1990).
20. L'orientation vers la qualité	Sashkin (1984).
21. La philosophie de gestion	Sashkin (1984), Tucker *et al.* (1990), Hofstede *et al.* (1990).
22. La sécurité	Hofstede *et al.* (1990).
23. L'autorité	Hofstede *et al.* (1990).
24. L'autonomie	Tucker *et al.* (1990).
25. La structure	Parida *et al.* (1990).
26. L'identité	Parida *et al.* (1990).

Le tableau suivant fait état des concepts et de leurs indicateurs propres ; il permet également de visualiser les indicateurs communs à différents concepts.

Tableau 8
Les concepts et leurs indicateurs

Indicateurs	Satisfaction	Climat	QVT	Culture
1. Le travail lui-même	X	X		X
2. Le salaire	X	X	X	X
3. L'avancement	X	X	X	
4. La supervision	X	X	X	X
5. Les collègues	X	X	X	X
6. L'autonomie	X	X	X	X
7. Les conditions physiques de travail	X	X	X	X
8. Le degré de responsabilité	X	X		X
9. La reconnaissance–considération	X	X		X
10. L'innovation	X	X		X
11. La communication	X	X	X	X
12. L'information	X		X	X
13. La sécurité d'emploi	X	X		X
14. La variété dans le travail	X			
15. Les politiques de l'organisation	X	X	X	X
16. La croissance et l'accomplissement	X		X	X
17. La participation	X		X	
18. L'autorité	X			X
19. L'identité		X	X	X
20. La structure de l'organisation		X		X
21. Les récompenses		X		X
22. Les conflits		X		X
23. Les relations interpersonnelles		X	X	
24. Les entraves		X		
25. Les processus de prise de décision		X		X

Tableau 8 (suite)

Indicateurs	Satisfaction	Climat	QVT	Culture
26. Le statut	X	X		
27. L'engagement des employés		X	X	
28. Les attitudes		X	X	X
29. La relation rendement–performance		X		X
30. Le travail et la vie personnelle	X		X	X
31. Le respect des individus			X	
32. Les relations patronales–syndicales			X	
33. L'adhésion à la mission de l'organisation				X
34. L'orientation vers l'action				X
35. La capacité d'adaptation	X			X
36. La loyauté	X			X

Afin de quantifier de façon plus précise les indicateurs communs aux concepts, nous avons réalisé un tableau qui permet de visualiser les liens entre les concepts et le nombre d'indicateurs communs.

Tableau 9
Matrice des indicateurs propres aux concepts

Indicateurs	Satisfaction	Climat	QVT	Culture organisa-tionnelle
La satisfaction	22	14	12	16
Le climat organisationnel	14	24	11	20
La qualité de vie au travail	12	11	17	11
La culture organisationnelle	16	20	11	26

Les indicateurs communs aux quatre concepts

Le tableau 9 présente le nombre d'indicateurs communs à chacun des concepts pris séparément. Si l'on pousse l'analyse plus loin, on cons-tate que sept indicateurs sont communs à tous les concepts, d'ailleurs le tableau 8 était assez explicite à cet égard.

Ainsi, au fil des années, l'analyse des définitions et des indicateurs nous permet de croire que sept d'entre eux ont pu résister aux approches conceptuelles, aux philosophies de gestion et même aux modes.

Ces indicateurs sont :

1. **Le salaire ou la rémunération.** Plusieurs auteurs réfèrent au salaire, d'autres à la rémunération. Ce dernier élément semble plus global que le salaire, mais l'analyse des définitions proposées par les auteurs tend à démontrer que la différence est plutôt au niveau de l'appellation que du contenu. Cependant, nous sommes conscients que les formes de rémunération ou de salaire ont évolué dans le temps mais là n'est pas notre propos.

2. **La supervision.** Cet indicateur peut sembler très large au départ, mais les définitions des auteurs tournent toutes autour des notions de leadership, de compétence et de support humain et technique des supérieurs et de la direction. Même si elle peut prendre diverses formes, la supervision demeure un acte de contrôle et de support.

3. **Les collègues.** Cet indicateur fait état de l'importance accordée à l'équipe, aux relations entre les membres et à la capacité à s'intégrer au sein du groupe. Cet indicateur semble stable dans le temps et son importance fait en sorte qu'il se transfère dans tous les concepts qui abordent l'aspect humain.

4. **L'autonomie.** Cet indicateur est présent pour tous les concepts et avec des définitions quasi identiques. Au fil des décennies, l'autonomie semble un facteur important au niveau du travail humain. Elle symbolise souvent l'atteinte de la maîtrise de son métier ou de sa profession.

5. **Les conditions physiques de travail.** Les aspects communs de cet indicateur sont la santé et la sécurité au travail. Depuis des décennies, les travailleurs cherchent des conditions salubres et sécuritaires de travail. L'importance de cet indicateur est telle qu'il s'est glissé au sein de tous les concepts analysés.

6. **La communication.** Cet indicateur représente la vie de l'organisation et de ses travailleurs. Sans une communication efficace entre ses membres, l'organisation est vouée à l'échec, il est donc tout à fait normal de retrouver cet indicateur au sein de tous les concepts retenus.

7. **Les politiques et les règles.** Cet indicateur est une forme de contrôle et de communication. Sans politiques ni règles, c'est l'anarchie qui règne dans l'organisation. Il n'est donc pas surprenant non plus de retrouver cet indicateur dans chacun des concepts.

Plusieurs autres indicateurs se retrouvent dans trois des quatre concepts étudiés. Ce sont la nature du travail, l'avancement, le degré de responsabilité, la reconnaissance, l'innovation, l'information, la sécurité d'emploi, l'accomplissement, l'identité au travail, les attitudes vis-à-vis le travail et le travail et la vie personnelle.

Nous ne les aborderons pas, étant donné que nous avons pour objectif de traiter ceux qui sont communs aux quatre concepts. Comme on peut le constater, même si les concepts de satisfaction, de climat, de qualité de vie au travail et de culture organisationnelle apparaissent assez différents dans leur définition propre, il existe des liens étroits entre ces derniers révélés par leur mesure sur le terrain.

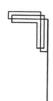

CONCLUSION

Cet ouvrage avait pour objectif de faire ressortir les similitudes et les différences de quatre concepts, soit la satisfaction, le climat, la qualité de vie au travail et la culture organisationnelle. Pour ce faire, nous avons effectué une revue de la littérature publiée sur une période de soixante ans.

Dans un premier temps, nous avons défini les concepts et ainsi avons-nous pu constater que chaque concept possédait sa ou ses définitions propres tout en renfermant parfois certains éléments les unissant à d'autres concepts. C'est ce qu'on peut observer avec la satisfaction et le climat organisationnel. Le premier était davantage centré sur l'individu face à son travail alors que le second globalisait la relation, considérait les groupes et tenait compte de l'organisation en tant qu'entité.

C'est toutefois du côté des indicateurs que l'on relève le plus la spécificité de chacun des concepts. En effet, chacun des concepts possède un certain nombre d'indicateurs permettant au chercheur de mesurer la perception des individus, et dans cette étude, nous avons répertorié trente-six indicateurs différents pour les quatre concepts examinés. De ce nombre, sept (19,5 %) indicateurs se retrouvent dans quatre concepts, onze (30,5 %) se retrouvent dans trois concepts, douze (33,3 %) sont communs à deux concepts et finalement six (16,7 %) ne se rapportent qu'à leur concept respectif.

À partir de cette démonstration, on peut considérer que ces quatre concepts ont des similitudes apparentes au niveau de certains indicateurs. Même s'ils possèdent des définitions parfois très différentes, il reste que leurs indices de mesure, sur le terrain, sont parfois similaires. Est-ce à dire que mesurer la satisfaction nous donne des indices sur la nature de la culture organisationnelle ? Peut-on construire un outil assez performant pour mesurer les quatre concepts en même temps ? C'est au niveau empirique que les réponses à ces interrogations pourront surgir.

Toutefois, nous n'irions pas jusqu'à prétendre que ces concepts sont semblables et que pour suivre ou créer une mode on en a modifié les appellations et les définitions. Nous voulons par cette monographie souligner qu'il y a une certaine continuité historique dans l'évolution des concepts étudiés, chacun d'eux ayant été pour les autres une source d'inspiration. De plus, les concepts évoluent dans le temps, en témoigne la satisfaction mesurée par Hoppock (1935) qui prend en compte moins de facettes du travail que celle mesurée par Larouche (1977).

Enfin, par cette revue de la littérature, nous avons voulu brossé un portrait de l'évolution des concepts depuis une soixantaine d'années. Par conséquent, cet ouvrage peut servir de point de repère pour les chercheurs en quête de nouveaux concepts ou qui veulent développer ceux qui existent déjà.

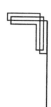

BIBLIOGRAPHIE

ALLAIRE, Y. et FIRSIROTU, M., 1984. « Theories of Organizational Culture », *Organization Studies*, 5, 142-175.

ARCHAMBAULT, J., 1975. « La relation entre l'ancienneté et la satisfaction au travail », Thèse de doctorat, Département de psychologie, Université de Montréal.

BÉLANGER, L., 1986. *Individu, groupe et organisation*. Chicoutimi, Gaëtan Morin Éditeur, 376-380.

BÉLANGER, L. et BELLEMARE, M., 1982. *Le travail de bureau, incluant le travail devant l'écran cathodique et ses conséquences sur la santé des travailleurs*. Gouvernement du Québec, Ministère des Affaires sociales, 56-57.

BÉLANGER, L., CÔTÉ, N., BERGERON, J.L. et JACQUES, J., 1979. *Les aspects humains de l'organisation*. Chicoutimi, Gaëtan Morin Éditeur, 298-300, 305-309.

BERGERON, J.L., 1982. « La qualité de la vie au travail : de quoi parle-t-on exactement ? », *Revue Commerce*, n° 1, janvier, 55-56.

BERTRAND, Y., 1991. *Culture organisationnelle*, Sainte-Foy, PUQ, 211 p.

BOBBIT, H.R. Jr. et BEHLING, D., 1972. « Defense Mechanisms as an Alternative Explanation of Herzberg Motivation Hygiene Results », *Journal of Applied Psychology*, 56, 24-27.

BOISVERT, M., 1980. *La qualité de vie au travail, regard sur l'expérience québécoise*. Montréal, Éditions Agence d'Arc inc., 69-81, 115-127.

BOISVERT, M. et THERIAULT, R., 1977. « Importance des différences individuelles dans l'intervention et le design pour l'amélioration de la qualité de la vie au travail », présenté à la Conférence des Nations Unies, Streso, Italie, juin.

BOONE, L.W. et KILMAN, R.H., 1977. « Management of Organizational Culture », dans *Technologies nouvelles et aspects psychologiques*, Sainte-Foy, PUQ, 99-108.

BOWERS, D.G., 1973. « O.D. Techniques and their Results in 23 Organizations – The Michigan ICL Study », *Journal of Applied Behavioral Science*, janv.-févr., 21-43.

BRAYFIELD, A.H. et CROCKETT, W.H., 1955. « Employee Attitude and Employee Performance », *Psychological Bulletin*, 52, 396-424.

BULLOCK, R.J. et BULLOCK, P.F., 1982. « Gainsharing and Rubik's Cube : Solving System Problems », *National Productivity Review 1*, automne, 396-407.

BURROUGHS, J.D., 1982. « Pay Secrecy and Performance : The Psychological Research », *Compensation Review*, 14, 44-54.

CAMPBELL, J.P. *et al.*, 1970. *Managerial Behavior. Performance and Effectiveness.* New York, McGraw-Hill.

CHERNS, A., 1975. « Perspective on the Quality of Working Life », *Journal of Occupational Psychology*, 48, 155-167.

CHERNS, A., 1978. « Automation. How it May Affect the Quality of Life ». *New Scientist*, vol. 78, 1106.

CLARK, A.W. et McCABE, S., 1971. « The Motivation and Satisfaction of Australian Managers », *Personnel Psychology*, 25, 625-638.

COTÉ-DESBIOLLES, L.H. et TURGEON, B., 1979. *Les attitudes des travailleurs québécois à l'égard de leur emploi.* Centre de recherche et de stratégies sur le marché du travail, Études et Recherches, Gouvernement du Québec, juillet, 59 p.

CROTEAU, A., 1988. « Prématurité et naissances de poids insuffisant chez les auxiliaires en saisies des données et les employées de bureau », Thèse de maîtrise, Faculté de médecine, Université Laval, 34 p.

DAS, B., 1982. « Effects of Production Feedback and Standards on Worker Satisfaction and Job Attitudes in a Repetitive Production Task », *IIE Transactions*, 14, septembre, 193-203.

DEAL, T. et KENNEDY, A., 1982. *Corporate Cultures.* Reading, Mass., Addison-Wesley Pub., 232 p.

DeMEUSE, K.P. et LIEBOWITZ, S.J., 1981. « An Empirical Analysis of Team-Building Research », *Group and Organization Studies*, 6, septembre, 357-378.

DION, G., 1986. *Dictionnaire canadien des relations industrielles.* Deuxième édition, Sainte-Foy, Les Presses de l'Université Laval, 382 p.

DITTRICH, J.E. et CARRELL, M.R., 1979. « Organizational Equity Perceptions, Employee Job Satisfaction, and Departmental Absence and Turnover Rates », *Organizational Behavior and Human Performance*, 24, août, 29-40.

DREXLER, J.A., 1977. « Organizational Climate : Its Homogeneity Within Organizations », *Journal of Applied Psychology*, vol. 62, n° 1, 38-41.

DUNNETTE, M.D., CAMPBELL, J.P. et HAKEL, M.D., 1966. *Factors Contributing to Job Satisfaction and Job Dissatisfaction.* Minneapolis, University of Minnesota, 239 p.

DYER, W. et DYER, G., 1980. « Organization Development : System Change or Culture Change ». *Personnel*, février.

EVANS, M.G., 1969. « Conceptual and Operational Problems in the Measurement of Various Aspects of Job Satisfaction », *Journal of Applied Psychology*, Washington, D.C., vol. 53, n° 1, 93-101.

EWEN, R.B., 1964. « Some Determinants of Job Satisfaction : A Study of the Generality of Herzberg Theory », *Journal of Applied Psychology*, 48, 161-163.

Fields, C.J., 1974. « Variable Work Hours — the MONY Experience », *Personnel Journal*, 53, septembre, 675-678.

Forehand, G. et Gilmer, B., 1964. « Environmental Variation in Studies of Organizational Behavior », *Psychological Bulletin*, 61, 361-382.

French, E.B., Metersky, M.L., Thaler, D.S. et Trexler, J.T., 1973. « Herzberg Two Factor Theory : Consistency Versus Method Dependency », *Personnel Psychology*, 26, 369-375.

Friedlander, F., 1964. « Job Characteristics as Satisfiers and Dissatisfiers », *Journal of Applied Psychology*, 48, 388-392.

Friedlander, F. et Margulies, N., 1969. « Multiple Impacts of Organizational Climate and Individual Value System Upon Job Satisfaction », *Personnel Psychology*, 22, 171-183.

Gavin, J.F., 1975. « Organizational Climate as a Function of Personal and Organizational Variables », *Journal of Applied Psychology*, 60, 135-139.

Gilmore, D.C. *et al.*, 1979. « Effects of Leader Behaviors on Subordinate Performance and Satisfaction : A Laboratory Experiment with Student Employees », *Journal of Applied Psychology*, 64, avril, 166-172.

Gordon, G.G., 1985. « The Relationship of Corporate Culture to Industry Sector and Corporate Performance », *Gaining Control of the Corporate Culture*, San Francisco, Jossey-Bass.

Gordon, M.E., Pryor, N.M. et Harris, B.V., 1974. « An Examination of Scaling Bias in Herzberg's Theory of Job Satisfaction », *Organizational Behavior and Human Performance*, II, 106-121.

Graen, G. *et al.*, 1982. « The Effects of Leader-Member Exchange and Job Design on Productivity and Satisfaction : Testing a Dual Attachment Model », *Organizational Behavior and Human Performance*, 30, août, 109-131.

Guion, R.M., 1958. « Industrial morale. (A Symposium) : I. The Problem of Terminology », *Personnel Psychology*, 11, 59-64.

Guiot, J.M., 1980. *Organisation sociale et comportements*. Montréal, Les Éditions Agence d'Arc inc., 168-170.

Hall, D.T. *et al.*, 1978. « Effects of Top-Down Departmental and Job Change Upon Perceived Employee Behavior and Attitudes : A Natural Field Experiment », *Journal of Applied Psychology*, 63, février, 62-72.

Harris, F.J., 1949. « The Quantification of an Industrial Employee Survey. I. Method », *Journal of Applied Psychology*, 33, 103-111.

Hayes, J.M., 1986. « Creating a Subculture at the Plan Level », *Corporate Culture and Change*, The Conference Board Report n° 888, 50-54.

Hellriegel, D. et Slocum, J., 1974. « Organizational Climate : Measures, Research and Contingencies », *Academy of Management Journal*, 17, 255-280.

Herzberg, F., 1966. *Work and the Nature of Man*. New York, Executive Library, 213 p.

Herzberg, F., Mausner, B. et Snyderman, B., 1959. *The Motivation Work*. New York, Wiley, 157 p.

HOFSTEDE, G. *et al.*, 1990. « Measuring Organizational Culture : A Qualitative and Quantitative Study Across Twenty Cases », *Administrative Science Quarterly*, vol. 35, n° 2, juin, 286-314.

HOPPOCK, K.R., 1935. *Job Satisfaction*. New York, Harper Brothers, 47-52.

HOUSE, R.J. et WIGDOR, L.A., 1967. « Herzberg's Dual Factor Theory of Job Satisfaction and Motivation : A Review of the Evidence and a Criticism », *Personnel Psychology*, 20, 369-389.

JACKSON, S.E., 1983. « Participation in Decision Making a Strategy for Reducing Job-Related Strain », *Journal of Applied Psychology*, 68, février, 3-19.

JAEGER, A.M., 1987. « La culture organisationnelle : un élément à ne pas oublier dans les acquisitions et fusions », *Gestion*, Paris, septembre, 59-66.

JAMES, L.R. et JONES, A., 1974. « Organizational Climate : A Review of Theory and Research », *Psychological Bulletin*, 81, 1096-1112.

JENKINS, G., DOUGLAS, Jr. et LAWLER, E.E., III., 1981. « Impact of Employee Participation Pay Plan Development », *Organizational Behavior and Human Performance*, 28, août, 111-128.

JENNINGS, M.P., 1986. « Corporate Culture : Definitions and Issues, Corporate Culture and Change », The Conference Board, Report n° 888, 5-9.

JOHANNESSON, R.E., 1973. « Some Problems in the Measurement of Organizational Climate », *Organizational Behavior and Human Performance*, 10, 118-144.

KATZ, D., 1949. « Moral and Motivation in Industry », dans DENNIS, W., *Currents Trend in Industrial Psychology*, Pittsburg, University of Pittsburg Press, 145-171.

KELLER, R.T. et HOLLAND, W.E., 1981. « Job Change : A Naturally Occurring Field Experiment », *Human Relations*, 34, décembre, 1053-1067.

KELLER, R.T. et SZILAGYI, A.D., 1978. « A Longitudinal Study of Leader Reward Behavior, Subordinate Expectancies and Satisfaction », *Personnel Psychology*, 3, printemps, 119-129.

KERR, S. *et al.*, 1974. « Toward a Contingency Theory of Leadership Based upon the Considerations and Initiating Structure », *Organizational Behavior and Human Performance*, 12, août, 62-82.

KESSING, R., 1974. « Theories of Culture », *Annual Review of Anthropology*, 3, 73-97.

KING, N.A., 1970. « A Clarification and Evaluation of the Two-Factors Theory of Job Satisfaction », *Psychological Bulletin*, 74, 18-31.

KOOPMAN, P.L. *et al.*, 1981. « Content, Process, and Effects of Participative Decision Making on the Shop Floor : Three Cases in the Netherlands », *Human Relations*, 34, août, 657-676.

KORNHAUSER, A.W., 1930. « The Study of Work Feelings », *Personnel Journal*, 8, 348-351.

KOSMO, R. et BEHLING, O., 1969. « Single Continuum Job Satisfaction vs Duality : An Empirical Test », *Personnel Psychology*, 22, 327-334.

KROEBER, A.K. et KLUCKHOHN, C., 1952. *Culture : A Critical Review of Concepts and Definitions*, New York, Vintage Books, 435 p.

LAFOLETTE, W.R. et SIMS, H.P., 1975. « Is Satisfaction Redundant With Climate ? » *Organizational Behavior and Human Performance*, 13, 257-258.

LAROUCHE, V., 1977. *Inventaire de satisfaction au travail.* École des relations industrielles, Université de Montréal.

LAWLER III, E.E., 1975. *Measuring the Psychological Quality of Working Life : The Why and How of It, in the Quality of Working Life.* London, The Free Press, 125.

LAWLER *et al.*, 1974. « Organizational Climate : Relations to Organizational Structure, Process and Performance », *Organizational Behavior and Human Performance*, 11, 139-155.

LEMAÎTRE, P., 1980. « L'informatisation des agences bancaires », *Bureau et informatique*, vol. 69, novembre-décembre, 21-23.

LITWIN, G. et STRINGER, R., 1968. *Motivation and Organizational Climate*, Boston, Harvard Business School, 214 p.

LOCKE, E.A., 1976. « The Nature and Causes of Job Satisfaction », dans DUNNETTE, M.D., *Handbook of Industrial and Organizational Psychology*, Chicago, Rand McNally, 201 p.

LOCKE, E.A. et SCHWEIGER, D.M., 1979. « Participation in Decision-Making : One More Look », dans *Research in Organizational Behavior*, dirigé par Barry M. STAW, Greenwich, Conn. : JAI Press, 265-340.

MACAROV, D., 1972. « Work Patterns and Satisfaction in an Israeli Kibbutz : A Test of the Herzberg Hypothesis », *Personnel Psychology*, 25, 483-493.

MASLOW, A.H., 1943. « A Theory of Human Motivation », *Psychological Review*, 50, 370-396.

McGREGOR, D., 1969. *La dimension humaine de l'entreprise.* Paris, Gauthier-Villars, 205 p.

MEYER, J.J., 1979. « Quelques aspects de la charge visuelle aux postes de travail impliquant un écran de visualisation », *Le travail humain*, vol. 42, n° 2, 275-303.

MILLER, R.L., 1966. « Job Satisfaction of National Union Officials », *Personnel Psychology*, 19, 261-274.

MOHOVICH, R.N., 1981. « The National Center for Public Productivity : A New Name and a Wider Role », *Public Productivity Review*, 5, mars, 7-13.

MORSE, N.C., 1953. *Satisfaction in the White Collar Job.* Ann Arbor, Survey Research Center, University of Michigan.

MUCHINSKY, P.M., 1976. *Psychology Applied to Work : An Introduction and Organizational Psychology.* Dorsey Press, 712 p.

NAISBITT, J. et ABURDENE, D., 1986. *Coup d'état dans l'entreprise.* Paris, Inter Édition, 105-148.

NOLLEN, S.D. et MARTIN, V.H., 1978. *New Work Schedules in Practice : Managing Time in a Changing Society.* Van Nostrand Reinhold / Work in America Institute Series, New York, Van Nostrand Reinhold, 281 p.

O'BRIEN, G.E., 1982. « The Success and Failure of Employee Participation – A Longitudinal Study », *Work and People Journal*, 8, 24-28.

OUCHI, W.G., 1981. *Theory Z : How American Business Can Meet the Japanese Challenge*. Reading, M.A., Addison Wesley, 252 p.

OUCHI, W.G., et JAEGER, A.M.,1981. « Type Z Organization : Stability in the Midst of Mobility », *Academy of Management Review*, 3, 305-314.

PAINE, F.T. *et al.*, 1966. « Need Satisfaction of Managerial Level in Government Agency », *Journal of Applied Psychology*, 50, 247-249.

PAINE, R.L. ET PUGH, D.S., 1976. « Organizational Structure and Climate », dans DUNNETTE, M.D. (dir.), *Handbook of Industrial and Organizational Psychology*, Chicago, Rand McNally, 1125-1175.

PARIDA, P., MATHUR, P. et KHURANA, A., 1990. « Development of Organizational Culture Questionnaire », *Indian Journal of Industrial Relations*, vol. 26, n° 2, octobre, 144-157.

PASMORE, W.P. et KING, D.C., 1978. « Understanding Organizational Change : A Comparative Study of Multifacted Interventions », *Journal of Applied Behavorial Science*, octobre-décembre, 455-468.

PAUL, C.F. et GROSS, A.C., 1981. « Increasing Productivity and Morale in Municipality : Effects of Organization Development », *Journal of Applied Behavioral Science*, 17, janvier-mars, 59-78.

PÉRUSSE, L., 1981. *Revue de littérature sur les écrans cathodiques*. Département de santé communautaire, Hôpital du Saint-Sacrement, Québec.

PETERS, T. et WATERMAN, R., 1983. *Le prix de l'excellence*. Paris, Inter Édition, 359 p.

PETIGREW, A.M., 1979. « On Studying Organizational Cultures », *Administrative Science Quarterly*, vol. 24, décembre 1979.

PORTER, L.W., 1961. « A Study of Perceived Need Satisfactions in Bottom and Middle Management Jobs », *Journal of Applied Psychology*, 45, 1-10.

PORTER, L.W., 1962. « Job Attitudes in Management : I. Perceived Deficiencies in Need Fulfillment as a Function of Job Level », *Journal of Applied Psychology*, 46, 376-384.

PORTER, L.W., 1963a. « Job Attitudes in Management : II. Perceived Importance of Needs as a Function of Job Level », *Journal of Applied Psychology*, 47, 141-146.

PORTER, L.W., 1963b. « Job Attitudes in Management : III. Perceived Importance of Needs as a Function of Job Level », *Journal of Applied Psychology*, 47, 267-275.

PORTER, L.W., 1963c. « Job Attitudes in Management : IV. Perceived Deficiencies in Need Fulfillment as a Function of Size of Company », *Journal of Applied Psychology*, 47, 386-397.

PORTER, L.W., 1964. *Organizational Patterns of Managerial Job Attitudes*. New York, Foundation for Management Research Inc.

PRITCHARD, R.P. et KARASICK, B.W., 1973. « The Effects of Organizational Climate on Managerial Job Performance and Job Satisfaction », *Organizational Behavior and Human Performance*, 9, 126-146.

RICHARD, T.P., 1985. « The Paradox of Corporate Culture », *California Management Review*, hiver.

RINEHART, P.B. *et al.*, 1969. « Comparative Study of Need Satisfaction in Governmental and Business Hierarchies », *Journal of Applied Psychology*, 53, 230-235.

ROBERTS, K.H. et GLICK, W., 1981. « The Job Characteristics Approach to Task Design : A Critical Review », *Journal of Applied Psychology*, 66, 193-217.

ROBIN, J., 1981. « Concepts et programmes de changement », *Qualité de la vie au travail*, 54, 1-31.

RONAN, W.W., 1970. « Individual and Situational Variables Relating to Job Satisfaction », *Journal of Applied Psychology*, 54, 1-31.

RONAN, W.W. et ORGANT, G.J., 1973. « Determinants of Pay on Pay Satifsaction ». *Personnel Psychology*, 26, 503-520.

ROSEN, R.A. et ROSEN, H.J., 1955. « A Suggested Modification in Job Satisfaction Surveys », *Personnel Psychology*, 8, 303-314.

ROY, D., PROULX, L. et ROCHON, D., 1982. « L'impact de l'informatisation sur la qualité de vie au travail », *Informatique et bureautique*, vol. 3, n° 7, septembre, 35-39.

SASHKIN, M. et FULMAN, R., 1985. *Measuring Organisational Excellence Culture with Validated Questionnaire*, Conférence présentée au Congrès annuel de l'Academy of Management, San Diego, California.

SATHE, V., 1985. *Culture and Related Corporate Realities*. Homewood, Ill., Irwin, 579 p.

SCHEIN, E., 1984. « Coming to a New Awareness of Organizational Culture », *Sloan Management Review*, hiver.

SCHEIN, E., 1985. *Organizational Culture and Leadership*. San Francisco, Jossey-Bass, 358 p.

SCHNEIDER, B., 1975. « Organizational Climates : An Essay », *Personnel Psychology*, 28, 447-479.

SCHNEIDER, B. et BARTLETT, C.J., 1968. « Individual Differences and Organizational Climate : The Research Plan and Questionnaire Development », *Personnal Psychology*, 21, 323-332.

SCHNEIDER, B. et SNYDER, R.A., 1968. « Some Relationships Between Job Satisfaction and Organizational Climate », *Journal of Applied Psychology*, 60, 318-328.

SEASHORE, S.E., 1975. « Defining and Measuring the Quality of Working Life », *The Quality of Working Life*, London, The Free Press, 105-118.

SIPEL, G.A. *et al.*, 1980. « The Management of Planned Changes in Local Government : The Case of Palo Alto », *Southern Review of Public Administration*, 7, septembre, 166-189.

SLOCUM, J.W. *et al.*, 1971. « A Cross Cultural Study of Need Satisfaction and Need Importance for Operative Employees », *Personnel Psychology*, 24, 435-445.

SLOCUM, J.W. et STRAWSER, R.H., 1972. « Racial Differences in Job Attitudes », *Journal of Applied Psychology*, 56, 28-32.

SLOCUM, J.W. et TOPICHAK, P.M., 1972. « Do Cultural Differences Affect Job Satisfaction ? », *Journal of Applied Psychology*, 56, 177-178.

SMITH, P.C., 1963. *Cornell Studies in Job Satisfaction: I. Strategy for the Development of a General Theory of Job Satisfaction*. Ithaca, Cornell University, 186 p.

SMITH, P.C., KENDALL, L.M. et HULIN, C.L., 1969. *The Measurement of Job Satisfaction in Work and Retirement: A Strategy for the Study of Attitudes*, Chicago, Rand McNally.

STAGNER, R., 1958. « Industrial Morale (A Symposium): II. Motivational Aspects of Industrial Morale », *Personnel Psychology*, 11, 64-70.

STRONG, E.K. Jr., 1958. « Satisfaction and Interest », *American Psychologist*, 13, 449-456.

SZILAGYI, A.D., 1980. « Causal Inferences Between Leader Reward Behavior and Subordinate Performance, Absenteeism, and Work Satisfaction », *Journal of Occupational Psychology*, 53, septembre, 195-204.

TAGUIRI, R. et LITWIN, G., 1968. *Organization Climate: Exploration of a Concept*. Boston Harvard University, Research Division, 214 p.

THURSTONE, L.L., 1928. « Attitudes Can Be Measured », *American Journal of Sociology*, 30, 554-592.

TOURIGNY, A., 1983. *Le climat organisationnel*, Revue de littérature, septembre, 22-29..

TRIST, E., 1981. « La Qualité de vie au travail et l'amélioration de l'organisation », *La qualité de la vie au travail : s'adapter à un monde en pleine évolution*, Travail Canada, 43-58.

TUCKER, R.W., McCOY, W.J. et EVANS, L.C., 1990. « Can Questionnaires Objectively Assess Organizational Culture ? », *Journal of Managerial Psychology*, vol. 5, n° 4, 4-11.

TURCOTTE, P.R., 1982. *Qualité de vie au travail : anti-stress et créativité*. Montréal, Les Éditions Agence d'Arc inc., 13, 148-150.

VROOM, V.H., 1965. *Motivation in Management*. New York, The American Foundation for Management Research Inc., 79 p

WALL, T.D., CLEGG, C.W. et JACKSON, P.R., 1978. « An Evaluation of the Job Characteristics Model », *Journal of Occupational Psychology*, 51, juin, 183-196.

WALTON, R.E., 1979. Work Innovation in the United States, *Harvard Business Review*, juillet-août, p. 88-98.

WALTON, R.E., 1982. « New Perspective on the World of Work : Social Choice the Development of Advance Information Technology », *Human Relations*, vol. 35.

WARMAN, B., 1980. « Improving the Quality of Work Life », *Management Accounting*, juin, 18-19.

WATERS, L.K. *et al.*, 1974. « Organizational Climate Dimensions and Job-Related Attitudes », *Personnel Psychology*, 27, 465-476.

WATERS, L.K. et ROACH, D., 1973. « The Two Factors of Job Satisfaction : Empirical Tests for Four Samples of Insurance Company Employees », *Personnel Psychology*, 24, 297-705.

WATERS, L.K. et ROACH, D., 1973. « A Factor Analysis of Need Fulfillment Items Designed to Measure Maslow Need Categories », *Personnel Psychology*, 26, 185-190.

WEBSTER., 1988. *Webster's Ninth Collegiate Dictionary.* Springfield, Mass., Merriam-Webster Inc., 771 p.

WERNIMONT, P.F., 1972. « A System View of Job Satisfaction », *Journal of Applied Psychology*, 56, 173-176.

WESTLEY , W.A., 1981. « Problèmes et solutions liés à la qualité de la vie au travail », dans *La qualité de la vie au travail : S'adapter à un monde en pleine évolution*, Travail-Canada, 103-112.

WHITE, S.E. et MITCHELL, T.R., 1979. « Job Enrichment Versus Social Cues : A Comparison and Competitive Test », *Journal of Applied Psychology*, 64, février, 1-9.

WHITSETT, D.A. et WINSLOW, E.K., 1967. « An Analysis of Studies Critical of the Motivator Hygiene Theory », *Personnel Psychology*, 20, 391-514.

WINSLOW, E.K. et WHITSETT, D.A., 1968. « Dual Factor Theory : A Reply to House and Wigdor », *Personnel Psychology*, 21, 55-62.

WOLF, M.G., 1970. « Need Gratification Theory : A Theoretical Reformulation of Job Satisfaction, Dissatisfaction and Job Motivation », *Journal of Applied Psychology*, 54, 87-94.

ZOHAR, D., 1980. « Safety Climate in Industrial Organizations : Theoritical and Applied Implications », *Journal of Applied Psychology*, 65, 96-102.

Achevé d'imprimer
en août 1994 sur les presses
des Ateliers Graphiques Marc Veilleux Inc.
Cap-Saint-Ignace, (Québec).